복싱을 사랑하는 사람들에게

볼수록 만만한 리얼 복싱

2016년 3월 4일 초판 1쇄 인쇄
2016년 3월 11일 초판 1쇄 발행

**글쓴이** 김진표, 김주영
**스토리 구성** 김주현
**펴낸이** 장진혁
**편집주간** 이경자
**편집진행** 임현미, 신수연, 장미나, 이주현
**편집디자인** 박혜옥, 김보경, 신화정
**영업** 황승주, 이광호, 송상영
**제작** 류완규
**마케팅** 정종민, 백승남, 이대현, 김예진, 김세연
**펴낸곳** 형설라이프
**주소** 경기도 파주시 회동길 37-23
**전화** (031) 955-2336, 2351, 2361
**팩스** (031) 955-2341
**등록** 101-90-79500
**홈페이지** www.hslife.co.kr



ISBN 978-89-6621-499-0 03690



이 도서의 국립중앙도서관 출판시도서목록(CIP)은 서지정보유통지원시스템 홈페이지(http://seoji.nl.go.kr)와 국가자료공동목록시스템(http://www.nl.go.kr/kolisnet)에서 이용하실 수 있습니다.(CIP제어번호 : CIP2016000726)

# 볼수록 만만한 리얼 복싱

글 김진표 · 김주영 스토리 구성 김주현

형설Life

# 머리말

우리가 살아가고 있는 21세기는 삶의 질이 향상되고 기대수명이 늘어남에 따라 건강에 대한 관심이 지대해졌으며, 최근에는 몸짱, 웰빙, 힐링처럼 건강과 관련된 신조어가 많이 생겨나고 있습니다.

복싱은 과거 엘리트 스포츠로써 전성기를 구가하였으나, 지금은 시대의 흐름에 맞추어 현시대가 요구하는 생활스포츠로 야심 차게 탈바꿈을 시도하고 있습니다.

이를 입증하듯 문화체육관광부에서 매년 실시하는 '전국등록체육시설업 현황'에서 복싱클럽의 수가 기하급수적으로 증가하고 있음이 나타났습니다.

최근에는 배우 이시영을 비롯한 많은 연예인이 복싱을 건강증진의 일환으로 수련하고 있으며, 건강한 삶을 영위하기 위해 오늘도 많은 사람이 복싱클럽의 문을 두드리고 있습니다.

이에 대한복싱협회에서는 공인체육관을 선정하고 좀 더 체계적으로 복싱을 수련할 수 있는 승단제도를 도입하기에 이르렀습니다.

이러한 각고의 노력 끝에 우리나라 복싱은 시대가 요구하는 방향으로 더욱 도약하고 있습니다.

《볼수록 만만한 복싱》은 현시대의 요구에 힘입어 발간되었다고 해도 과언이 아닙니다. 특히 복싱 입문자와 초급자들의 눈높이에 맞추어 이야기를 전개하였으며, 본문 사이사이에 에피소드와 복싱을 이해하고 기술을 습득하는 데 필요한 이론 및 기초지식을 포함했습니다. 그뿐만 아니라 사진과 동영상을 첨부하여 독자 누구나 복싱에 대해 쉽게 다가갈 수 있게 구성하였습니다.

이 책이 복싱과 관련된 '완전한' 자료를 제공하지는 못하지만, 복싱 활성화에 초석을 다지는 밀알 역할을 잘 감당했으면 하는 바람입니다.

모쪼록 독자 여러분의 많은 관심과 질타 그리고 여러 선·후배들의 조언으로 보완의 기회가 마련될 수 있기를 바랍니다. 끝으로 이 책이 완성되기까지 물심양면으로 도움을 주신 형설라이프 관계자와 용인대학교 복싱부 선수들에게 감사의 마음을 전합니다.

저자 **김진표·김주영**

# 추천사

안녕하십니까? 대한복싱협회 장윤석 회장입니다.

그동안 복싱은 올림픽대회 및 아시아경기대회 등 각종 국제대회에서 좋은 성적을 거두어 오면서 오랜 세월 우리 민족과 애환을 함께해 온 국민스포츠였습니다. 이후 시대의 변화 속에 침체기를 겪기도 하였지만, 지난 2014 인천아시아경기대회 및 2014 제주세계여자선수권대회에서 좋은 성적을 거둔 것을 기점으로 다시 한번 도약의 기반을 다지고 있습니다. 지난해에는 우리 땅에 복싱이 도입된 지 100년이 된 것을 기념하기 위해 그간의 역사를 정리한 '한국복싱 100년'을 발간하기도 하였습니다. 건강에 대한 관심이 높아지며 생활스포츠로서 복싱의 인기가 날로 높아져 가는 상황임에도 그동안 남녀노소 누구나 쉽게 복싱에 접근할 수 있는 서적이 부족했던 것이 사실입니다.

《볼수록 만만한 복싱》은 읽기 쉬운 이야기로 각종 복싱의 기술, 역사, 경기규칙 등도 한눈에 볼 수 있도록 구성되어있어 전문 복싱인이 아닌 일반인들도 복싱에 친근해질 수 있는 적합한 도서입니다. 복싱의 보급을 위해 이 책을 집필하신 용인대학교 김진표 교수님과 김주영 교수님의 노고를 치하합니다.

대한복싱협회장 **장윤석**

# 축하 메세지

이 책의 저자들은 따뜻한 가슴과 엄청난 에너지로 불가능한 일들을 성공으로 이끌어낸다. 특히 《볼수록 만만한 복싱》을 통해 복싱이 국민 스포츠로 자리 잡고, 나아가 '건강 한국'을 만드는 플랫폼이 되길 소망한다.

스포츠마케팅어워드코리아 조직위원장 / 체육학 박사 **김재현**

책 제목에서 보듯이 《볼수록 만만한 복싱》은 톡! 톡! 튀는 아이디어로 복싱의 매력을 전달하는 매우 획기적인 책이다. 이 책을 통해 많은 사람이 샌드백을 두드리며, 챔피언의 꿈을 갈망하고, 복싱의 전성기가 다시 찾아오길 기대한다.

WBC 선정 '20세기 위대한 복서' 세계챔피언 **장정구**

두 저자의 복싱에 대한 뜨거운 애정과 열정이 없었다면, 이 책은 세상에 나오지 못했을 것이다. 이 책에는 저자들의 참신한 아이디어와 노력이 고스란히 스며들어 있다. 모쪼록 이 책을 통해 대한민국 복싱 중흥기가 다시 돌아오길 소망한다.

작은 들소 WBA 세계챔피언 **유명우**

누군가 나에게 복싱에 관해 물어본다면 《볼수록 만만한 복싱》을 건네줄 것이다. 그만큼 복싱 초보자들에게 좋은 지침서가 되어 줄 책이다. 나 또한 많은 가르침을 얻어간다. 이렇게 좋은 책이 세상 밖으로 나올 수 있도록 힘써준 저자에게 감사의 마음을 전한다.

돌주먹 WBA·WBC 2체급 세계챔피언 **문성길**

복싱을 알고 모르고는 중요하지 않다. 일단 집어라. 그리고 펼쳐라. 이 책을 덮는 순간 《볼수록 만만한 복싱》이 '할수록 만만한 복싱'으로 변해 있을 것이다. 그리고 책만 보는 것이 아니라 글러브를 끼고 있는 당신을 마주하게 될 것이다.

레전드 파이터 IBF·WBA 세계챔피언 **박종팔**

100여 년의 역사를 간직한 우리나라 복싱은 그동안 국민들의 애환을 달래주었으며, 배고픔에 허덕이던 우리에게 희망 그 자체였다. 이제는 《볼수록 만만한 복싱》을 통해 희망을 넘어 사각의 링에 따뜻한 온기를 불어넣어 복싱이 재도약할 수 있는 발판을 마련하고 더욱 활성화되길 응원한다.

88 서울올림픽 금메달리스트 **박시헌**

평소 엘리트 스포츠와 더불어 생활 스포츠로의 복싱 활성화에 심혈을 기울이던 두 저자는 《볼수록 만만한 복싱》에서 사회적 문제로 주목받는 학교폭력 예방에 대한 접근을 시도하였다. 복싱이라는 강인한 운동을 통해 자존감을 회복하고 건강한 학교생활을 영위하게 되는 이야기의 전개가 공감대를 형성하기에 충분하다. 사회적 관심을 갖고 간접적으로 해결을 제안하는 저자의 안내가 학교폭력에 노출된 청소년들과 그 가족에게 위로가 되고 기회가 되길 바란다.

92 바르셀로나 올림픽 동메달·96 애틀란타 올림픽 은메달리스트 **이승배**

# 차례

# 1

## 왕따 뚱땡이

아이들이 모여들고 있는 아침 시간의 교문 앞, 걷지 않고 굴러가도 될 만큼 살이 찐 브라보도 책가방을 멘 채 뒤뚱거리며 오고 있다. 브라보는 이리저리 둘러보며 교문에 들어서더니 운동장 저쪽을 보고는 졸린 듯한 눈을 크게 떴다.

'바비잖아!'

브라보는 갑자기 온몸의 살을 흔들며 뛰기 시작했다.

예쁜 뒷모습을 보이며 걷던 바비가 거친 숨소리에 뒤를 돌아보았다.

"왜 뛰니? 지각도 아니잖아?"

"그, 그냥……."

바비의 물음에 브라보는 뒤통수를 긁으며 어색한 웃음을 흘렸다.

바비는 한동네에 살고 유치원도 같은 곳에 다녔던 소꿉친구이다. 이 때문에 브라보의 머릿속엔 항상 바비가 들어와 있었는데, 커 가면서 점점 더 예쁘게 변하는 모습에 불안감도 따라서 커졌다. 언젠가는 날개를 달고 멀리 날아갈 것 같아서였다.

그 예감은 당장 펼쳐졌다. 자기를 보던 바비의 눈길이 어느 틈에 옮겨져 다른 곳을 보고 있었다. 눈길을 따라가 보니 막 교문에 들어서고 있는 한별이었다.

이한별. 얼마 전에 전학 온 그 아이는 어느 드라마에 나오는 주인공처럼 잘생기고 늘씬한 데다 전교에서 10등 안에 들 정도로 공부도 잘했다. 그러니만큼 선생님들이 귀여워했고, 학교 아이들에게 많은 관심을 받았다. 특히 여자아이들은 한별이를 안 좋아하는 아이가 없을 정도였다. 물론 바비도 거기에 포함되어 지금 정신없이 한별이를 보는 중이었다.

시무룩해진 브라보는 불룩하게 튀어나온 자기 배를 내려다보았다.

'내 배는 왜 자꾸 부풀어 오르는 거야?'

브라보는 과자나 빵 같은 간식을 입에 달고 사는 아이였다. 거기에다 거의 움직이지 않고 컴퓨터 앞에만 앉아 있으니 살만 자꾸 찔 수밖에 없었다.

"휴우……."

자기도 모르게 한숨을 내뱉은 브라보는 바비를 뒤에 남겨 둔 채 터벅거리며 교실 쪽으로 걸어갔다.

5 교시, 체육 시간이다. 반 아이들이 체육복으로 갈아입고 하나둘씩 운동장으로 나갔지만, 한 아이만은 가방에서 꺼낸 체육복을 책상에 올려놓은 채 멍하니 앉아만 있었다.

브라보였다. 브라보는 체육 시간이 제일 싫었다. 체육이라면 무엇 하나 제대로 하는 게 없었다. 그 때문에 체육 시간에는 선생님의 꾸중과 아이들의 놀림을 받기 일쑤였으니 좋을 리가 없었다.

운동장 계단에 서서 다이어리에 무얼 적고 있던 선생님은 아이들이 다 모이자 고개를 들었다.

"안 나온 사람 없지?"

선생님의 눈이 아이들을 훑어보다 뒤쪽에 있는 브라보를 보고는 제자리로 돌아왔다. 제일 늦게 나오는 브라보가 있으니 아이들이 다 나온 게 맞아서였다.

"이번 시간은 줄넘기 창작 안무 연습이다. 다섯 명씩 조를 지어 서 봐."

아이들은 곧 다섯 명씩 조를 이루어 서기 시작했다. 그런데 마지막에 조를 이룬 아이들이 술렁거리기 시작했다.

"아씨, 왜 재가 우리 조야?"

"그러게. 쟨 줄넘기 하나도 못 넘는데 어떻게 같이 하냐?"

"야, 뚱땡이! 너 다른 조로 갈 수 없어?"

'뚱땡이'라는 별명으로 불리는 아이는 시무룩하니 땅만 내려다보고 있다. 브라보였다.

"너 내 말 안 들려?"

그 아이는 브라보 곁으로 다가와 배를 툭, 건드렸다.

"다른 조로 가란 말이야. 네가 끼면 아무것도 안 돼."

브라보는 그 아이의 따가운 눈길을 피하며 우물거리듯 말을 했다.

"미……미안. 잘할게……."

"네가 어떻게 잘해? 보나마나 뻔한데."

"그래도 열심히 하면……."

"아, 참! 너 우리한테 감정 있어? 왜 근처에 있어서 우리 조에 끼냐고!"

브라보는 그 아이의 거친 말투에 울기라도 할 것 같은 표정이었다. 이런 상황은 조별 체육을 할 때마다 일어나는 일이었다. 이러니 브라보가 체육 시간을 싫어하는 건 당연한 일이었다.

"그만둬, 박철호!"

그때 한별이가 끼어들었다.

"짜증 부린다고 브라보가 나아지냐? 너희가 도와줘야지. 그렇다고 체육을 안 할 순 없잖아."

철호라는 아이는 한별이가 나서자 찔끔한 표정이었다. 철호는 한별이에 대해 잘 알고 있었다.

얼마 전에 으슥한 골목을 지나가는데 불량해 보이는 중학생 두 명이 한 초등학생과 말을 하고 있는 모습이 보였다. 말소리를 듣진 않았지만, 보이는 분위기가 중학생들이 초등학생을 붙잡고 돈을 뜯어내려고 하는 것 같았다.

그때, 그곳을 지나던 한별이가 중학생들에게 다가가 뭐라고 했다. 그러자 중학생들은 싱글거리며 한별이의 머리를 툭툭 건드렸다. 다음 순간, 한별이의 손이 빠르게 움직이며 중학생 한 명이 자빠졌다. 그걸 본 옆 중학생이 한별이에게 덤벼들었으나, 피하면서 뻗은 짧은 주먹에 그대로 고꾸라졌다.

그 싸움을 봤던 철호라서 한별이가 나서자 겁먹지 않을 수가 없었다.

“알았어, 같이 잘해 볼게.”

철호가 금방 꼬리를 내리자 한별이는 만족한 표정이 되어 자기 조로 돌아갔다.

“너 왜 한별이한테 쩔쩔매? 잘생기고 공부 잘한다고 기죽은 거야?”

옆에 아이가 철호의 옆구리를 툭 치며 낮은 목소리로 물었다.

“모르는 소리! 걔 주먹 실력 보통이 아냐. 눈 깜박할 사이에 중학생 두 명을 때려눕히더라고.”

“그래? 언제 봤는데?”

“그저께 문방구 뒷길을 지나가는데…….”

철호는 자기가 본 일을 간단히 말했다.

“그게 정말이야?”

말을 듣자 옆 아이도 표정이 서늘해졌다.

“그렇다니까, 아마 무슨 운동을 했나 봐.”

“운동? 태권도나 합기도?”

“그건 아니고 주먹 쓰는 자세가 복싱 같았어.”

“복싱? 어쩐지 어깨가 쫙 벌어지고 체격이 좋더라…….”

학교를 마치고 집에 돌아가는 브라보의 기분은 우울했다. 체육 시간에 겪은 일들이 마음에 상처를 냈기 때문이었다. 한별이 덕에 조를 이루어 체육 수업을 하긴 했지만, 계속되는 실수에 아이들의 조롱거리와 웃음거리만 됐던 것이다.

한별이는 그런 브라보가 안돼 보였는지 체육 시간이 끝난 후에 이런 말을 해 주었다.

"네가 둔한 건 몸이 무거워서 그래. 몸이 무거우면 힘이 따라줘야 하는데 넌 살만 쪘으니 둔할 수밖에. 그건 마치 자전거에 무거운 짐을 싣고 다니는 것과 같은 거야. 그러니 아무 운동이라도 해서 살을 빼 봐."

공감이 가는 말이었지만 어떻게 살을 뺀단 말인가? 브라보도 한때는 살을 빼려고 저녁마다 집 근처 공원에 가서 걷거나 뛰는 운동을 한 적이 있었다. 그러나 운동을 하고 나면 배가 고파져 라면이나 빵을 먹었다. 이튿날 체중계에 올라가 보면 몸무게가 줄기는커녕 더 늘어난 때가 많았다.

'이걸 확 잘라버릴 수 없을까?'

늘어진 뱃살을 움켜쥐고 횡단보도 앞에 섰는데, 길 건너에 설치되어 있는 현수막이 눈에 띄었다.

'복싱? 참, 한별이가 복싱을 한 것 같다고 했지? 저거 하면 나도 한별이처럼 늘씬해지려나?'

브라보는 신호등에 파란불이 켜져 횡단보도를 건너고도 다시 현수막을 쳐다보았다.

"알알!"

집의 현관문을 열자 뽀삐가 톡 튀어나와 강중거렸다. 뽀삐를 안고 거실에 들어서니 엄마가 소파에 앉아 TV를 보고 계셨다.

"왔니?"

엄마는 TV에서 눈을 떼고 브라보를 돌아보았다.

"냉장고에 포도 주스 넣어 놨다. 꺼내 먹어."

브라보는 머그잔에 가득 따른 포도 주스를 들고 엄마 곁으로 갔다. 엄마가 보고 있는 TV 방송에서는 배우 이시영이 나와 복싱으로 살을 뺀 이야기를 하고 있었다.

그 예능 프로를 보던 엄마는 옆에 선 브라보를 아래위로 훑어보더니 물었다.

"브라보야, 너 살 빼고 싶지 않니?"

"살이요?"

엄마의 말을 듣자 체육 시간에 겪은 일들이 다시 머릿속에서 아우성쳤다.

"빼고는 싶지만……."

"그럼 저거 해 볼래?"

"뭐요?"

"복싱. 이시영도 복싱해서 살 많이 뺐다잖아. 국가대표 선수도 되고."

"그래요?"

"그래, 그러니까 너도 해봐. 틀림없이 날씬해질 거야. 가만……."

엄마는 눈을 깜박거리더니 일어나서 식탁으로 갔다. 식탁에 놓인 신문을 펼치고는 전단지 한 장을 집어 들었다.

"여기 어떠니? 용인대 마트 앞이니 집에서도 가깝고."

엄마가 보여 주는 전단지는 횡단보도에 걸린 현수막과 같은 내용이었다.

"아, 그거요. 저도 봤어요."

"한번 가 볼래?"

"지금요?"

"그래. 쇠뿔도 단김에 빼랬다고 당장 시작해 보지 뭐."

집에 오자마자 엄마 손에 이끌려 복싱 체육관에 가게 된 브라보는 눈이 휘둥그레졌다. TV에서나 보던 링, 줄넘기와 샌드백을 두드리는 사람들, 체육관 안은 뜨겁게 느껴질 정도로 활기로 가득 차 있었다.

"어떻게 오셨습니까?"

엄마가 브라보의 손을 잡고 체육관 안을 둘러보고 있자 40대쯤 되어 보이는 아저씨가 다가와 말을 걸었다. 푸근해 보이나 눈에 강한 기운이 품어 나오는 인상의 아저씨였다.

“우리 애 좀 여길 다니게 하려고요.”

“아, 예. 제가 여기 관장인 닥터김입니다.”

‘닥터김’이라고 자기를 소개한 아저씨는 엄마를 사무실로 안내했다.

사무실에 들어간 엄마는 닥터김에게 비용과 시간 등 몇 가지를 물어보고는 입관 원서를 썼다.

그러자 닥터김은 브라보를 ‘인바디’라는 기계로 데려갔다. 몸의 체성분을 측정하는 기계라고 설명해 주었다.

“음……. 나이에 비해서 지방량이 상당히 높네요……. 그에 비해 근육량은 턱없이 부족하고…….”

검사를 마친 닥터김은 인바디에 기록된 숫자를 보며 자기 턱을 어루만졌다.

“그렇게 심한가요? 그 살을 빼려면 쉽지 않겠죠?”

옆에서 지켜보던 엄마가 걱정스러운 얼굴로 물었다.

“지도하는 대로 잘 따라와 준다면 그리 어려운 건 아닙니다. 한 달 정도만 해도 눈에 띄게 달라질 겁니다.”

## 복싱 뉴스

### 배우 이시영 관련 복싱 기사

이시영, "요즘 복싱 삼매경…… 개미허리-탄탄 복근 비결이에요"(2010. 07. 20. 스포츠조선)

이시영, 복싱 7kg 감량…… "평생 처음 40kg대"(2010. 08. 27. 서울신문)

'복싱 효과' 이시영, 체지방량 4kg 기록 "놀라워라!"(2010. 09. 29. 스포츠조선)

이시영 복싱대회 영상 화제…… '쓱빡쓱빡~' 복싱 사랑 예사롭지 않더니 결국…(2010. 10. 28. 뉴스한국 뉴스)

이시영, 복싱 우승 챔피언 등극…… 승리의 여신 '슥-빡'(2010. 12. 02. 서울신문)
이시영, 다이어트로 시작한 복싱, 챔피언 우뚝(2010. 12. 02. 이뉴스투데이)

이시영 또다시 복싱 대회 챔피언 등극 '우세한 경기력'(2011. 02. 20. 뉴스엔미디어)

이시영, 또 금메달 '아마추어 복싱계 평정'(2011. 02. 20. 데일리안)

이시영 '복싱으로 완벽한 몸매 관리'(2011. 03. 03. 뉴스엔)

이시영, 예선서 판정승…… 아마추어 복싱선수권 결승 진출(2011. 03. 16. 마이데일리)

이시영, 복싱챔피언 등극 "엄마, 챔피언 먹었어"(2011. 03. 17. 스타뉴스)

'챔피언' 이시영 "생애 최고의 순간이에요"(2011. 03. 17. 스포츠조선)

이시영 '믿기지 않는 복싱 신인왕!'(2011. 03. 17. 서울신문)

이시영 '여자신인 아마추어 복싱대회 최우수상 영예'(2011. 03. 17. 이데일리)

이시영 '서울시 복싱, 챔피언 됐어요'(2012. 07. 07. 마이데일리)

이시영 우승 '여배우에서 복싱 챔피언으로'(2012. 07. 07. 티브이데일리)

이시영 전국 아마추어복싱대회 우승 '전국구 주먹'(2012. 07. 26. 머니투데이)

이시영, '최우수선수상도 수상했어요~'(2012. 07. 26. MK스포츠)

배우 이시영, 복싱 국가대표 선발전 참가(2012. 11. 21. 매일경제)

이시영 '복싱 국가대표 선발전 1차전 승리 쾌거'(2012. 12. 07. 티브이데일리)

'판정승' 이시영, 결승전 진출(2012. 12. 10. 스타뉴스)

이시영, 복싱 국가대표 선발전 결승 '대단한 여자'(2012. 12. 10. 스포츠한국)

이시영, '태극마크 획득 아쉽게 실패'(2012. 12. 11. 스타뉴스)

이시영, 2014 인천 아시아경기대회 홍보대사로 위촉(2013. 01. 02. 아시아경제)

이시영 복싱팀 정식 입단 "연기 · 복싱, 두 마리 토끼 잡겠다"(2013. 01. 28. 스포츠동아)

'전국구 주먹' 이시영, 복싱 태극마크 달았다(2013. 04. 24. 스타뉴스)

이시영, 태극마크 달았다 '사상 최초 연예인 국가대표'(2013. 04. 24. OSEN)

"높은 벽 실감" 이시영, 전국체전 메달의 꿈 좌절(2013. 10. 21. YTN)

이시영, '어깨 탈골'로 복싱 출전 무산 …… '후원금 기부로 아쉬움 달래'(2014. 10. 23. 매일경제)

## 배우 이시영 복싱 대회 성적

2010년 제10회 KBI 전국생활체육복싱대회 여자부 −50kg급 우승

2011년 제47회 서울 신인아마추어복싱선수권대회 −48kg급 우승

2011년 제7회 전국여자신인아마추어복싱선수권대회 −48kg급 우승, 최우수선수상 수상

2012년 제42회 서울시장배 아마추어복싱대회 여자 −48kg급 우승

2012년 제33회 회장배 전국아마추어복싱대회 여자 −48kg급 우승, 최우수선수상 수상

2012년 제66회 전국아마추어복싱선수권대회 겸 2013 국가대표 1차선발전 −48kg급 준우승

2013년 제24회 대한아마추어복싱연맹회장배 전국여자복싱대회 겸 국가대표 2차 선발전 −48kg급 우승

"정말이요? 그렇게만 된다면……."

"문제는 본인의 의지이지요. 하고자 하는 의지가 없으면 옆에서 아무리 독려를 해도 소용이 없으니까요."

닥터김은 의자에 앉아 있는 브라보의 어깨에 손을 얹었다.

"어때, 할 수 있겠니?"

닥터김이 묻자 브라보는 아침에 운동장에서 본 바비의 모습이 떠올랐다. 자기를 앞에 놔두고 교문을 들어서는 한별이를 바라보는 그 정겨운 눈길, 소꿉친구였던 바비가 다른 남자아이에게 마음이 가 있는 것은 자기가 돼지처럼 뚱뚱하기 때문이라 생각했다. 그래서 더욱 체육 시간에 아이들의 놀림감이 되는 것 같았다.

"네! 할 수 있어요!"

브라보는 자신도 놀랄 정도로 크게 대답했다.

"그래, 그래야지."

닥터김은 빙긋이 웃고는 복싱체육관에서 지켜야 할 '수련의 예'에 대해서 알려 주었다.

이튿날, 학교에서 돌아온 브라보는 간식을 먹은 후 복싱 체육관으로 향했다. 체육관에 들어서니 어제와 마찬가지로 운동하

## 수련의 예

| | |
|---|---|
| **첫째, 출입 시 禮** | 항상 신발을 벗은 후 출입한다. |
| **둘째, 국기에 대한 禮** | 출입 및 퇴실 시 겸허한 마음으로 태극기를 향해 오른손을 가슴에 댄다. |
| **셋째, 회원 상호 간에 禮** | 회원 간에 정중하게 또렷한 목소리로 "안녕하십니까."라고 인사를 한다. |
| **넷째, 복싱 수련 시 禮** | 복싱인으로서 복싱의 혼을 수련하는데 최선을 다하며, 장난과 잡담은 금한다. |
| **다섯째, 스승에 대한 禮** | 스승에게 존경의 마음을 가지며, 깍듯한 예의로 대한다. |
| **여섯째, 복싱 수련 후 禮** | "수고하셨습니다."라는 말과 함께 서로 정중하게 인사한다. |

는 사람들이 열기를 뿜어내고 있었다.

브라보가 관장인 닥터김을 찾으려고 두리번거리자, 닥터김이 먼저 알아보고 다가왔다.

"왔니?"

"안녕하십니까!"

브라보는 닥터김을 보자 급하게 허리를 굽혔다. 학교 선생님

## 복싱 상식

### 복싱 준비물

개인이 준비할 용품으로는 아래에서 보는 바와 같이 글러브, 복싱화, 헤드기어, 낭심 보호대, 붕대, 마우스피스 등이 있다.

글러브

복싱화

헤드기어(시합용, 연습용)

낭심 보호대, 붕대, 마우스피스

미트(지도용)

샌드백

타임 벨

에게도 해 본 적이 없는, 처음 해 본 깍듯한 인사였다.

"그래, 이리 와라."

닥터김은 브라보를 한쪽 구석으로 데려가서 손에 붕대 감는 법을 보여 주었다. 처음이라 브라보는 잘 따라 하지 못했지만 그것도 잠시, 금세 제대로 감았다.

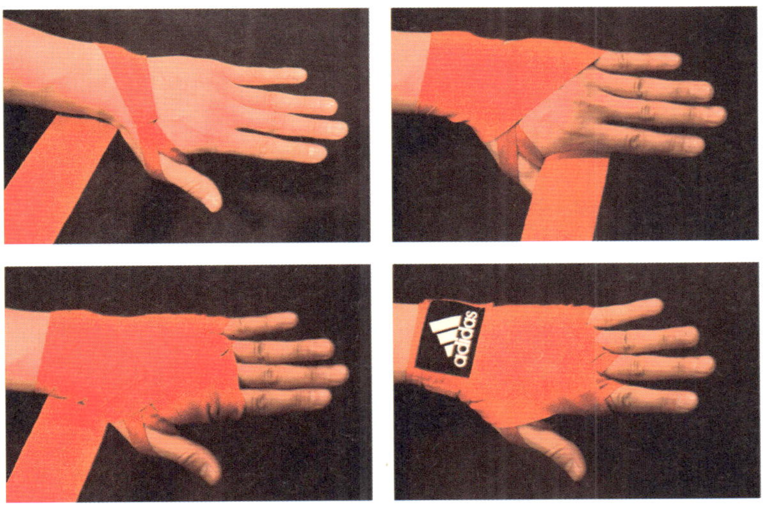


▲ 붕대 감는 법

동영상 01 **붕대 감는 법**

"자, 그럼 스트레칭부터 시작해 볼까? 따라 해 봐. 하나, 둘, 셋, 넷……."

닥터김은 팔을 좌우로 움직이거나 목과 허리를 돌리며, 스트레칭은 격렬한 운동을 하기 전에 근육이 놀라 다치지 않게 풀어주는 준비 운동이라고 설명했다.

브라보는 따라 하긴 했으나 워낙 살이 쪄 있어서 닥터김처럼 팔이 뒤까지 가거나 목이 돌아가지 않았고, 손이 발에 닿도록 허리를 굽히지도 못했다. 그냥 흉내만 내고 있을 정도였다. 그래도 끙끙 소리를 내면서까지 반복해 운동을 하자 얼굴에서, 곧이어 온몸에 땀이 흐르기 시작했다.

닥터김은 그러는 브라보를 걱정스러운 얼굴로 바라보다 옅은 미소를 지으며 물병을 내밀었다.

"의지는 있구나. 그래, 그런 정신이면 할 수 있어."

브라보가 물병을 받아 벌컥거리고 마시고 나자, 닥터김은 바닥에 그려진 발바닥 모양 그림을 밟으며 움직이라고 했다. 복싱 스텝을 가르치는 거였다.

"시작, 하나 둘, 하나 둘, 발과 발 사이를 어깨너비로 벌리고! 하나 둘, 하나 둘, 앞발과 뒷발 사이도 어깨너비로! 그래, 그렇게 대각선으로!"

브라보는 시작 전 준비 운동과는 비교도 안 될 만큼 힘이 들었다. 금방이라도 주저앉을 것 같았다. 그러다보니 체육관을 들어올 때 아무리 힘들어도 참으리란 결심은 어디로 가고 이런 말이 저절로 튀어나왔다.

"과, 관장님, 조금 쉬었다 하면 안 될까요? 쓰러질 것 같아요! 헥헥……!"

"땀이 나고 있을 때 운동을 해야 부상이 적고 운동 효과가 좋단다. 힘들어도 참고 견뎌야 해. 어때? 조금 더 할 수 있겠니?"

"해, 해 볼게요! 헥헥!"

"이젠 그 자세로 뒷짐을 지고 발뒤꿈치를 들어! 엄지발가락에 몸무게를 두고는 발목과 무릎 힘으로 가볍게 제자리 뛰기를 해 봐! 이렇게!"

닥터김은 앞에서 시범을 보여줬다.

브라보가 따라 하기는 했으나 쓰러질 것 같이 휘청거렸다. 그러나 얼마 안 있어 제법 틀이 잡혀 비슷한 동작을 해냈다.

"잘하네. 이젠 타임 벨에 맞춰서 뛰는 걸 해 보자. 1라운드는 3분이고 쉬는 시간은 30초이니 3분 뛰었다가 벨이 울리면 30초 쉬고 또 3분 뛰는 거야. 그런 식으로 5라운드를 뛰어 봐."

"네, 관장님! 헥헥!"

이렇게 힘든 운동을 처음 해 보는 브라보는 거의 제정신이 아니었다. 마치 신들린 무당처럼 그 뚱뚱한 몸을 흔들며 5라운드를 뛰고 나자 앉지도 못하고 멍하니 서 있었다.

"잘했어. 이제 보니 제법 근성이 있구나. 그래, 그런 식으로 꾸준히 운동하면 머지않아 시합에 나갈 수도 있겠다."

닥터김은 만족한다는 듯 흐뭇한 표정을 지었다.

"오늘은 여기까지만 하고 끝내자. 내일은 기본자세를 가르쳐 줄게."

"네네, 감사합니다!"

"그래, 수고했다. 샤워실에 가서 닦아."

"아니에요, 집에 가서 닦을 거예요. 가까우니까요."

"그럴래? 그럼 잘 가거라."

닥터김에게 인사를 하고 체육관을 나선 브라보는 기분이 상쾌했다. 비록 온몸이 땀에 흠뻑 젖기는 했지만, 복싱에 첫발을 내디뎠다는 사실이 마음을 뿌듯하게 했다.

"이제 그만 일어나야지."

잠결에 엄마 목소리가 들렸다.

"학교 안 갈 거니?"

목소리는 더 크게 들렸다.

눈을 뜬 브라보는 일어나려고 했으나 몸이 무거워 일어나기가 힘들었다. 어제 복싱 체육관에서 한 운동 때문에 몸이 지친 것 같았다. 하긴 그렇게 격렬한 운동을 1시간 넘게 했으니 편한 것만 찾던 몸으로썬 당연한 일이었다.

"어이, 뚱땡이! 오늘은 어째 더 느리냐? 집에서 똥 안 싸고 와서 몸이 무거워 그러냐?"

다리가 뻐근해 천천히 걸어가자 학교 운동장에서 만난 철호가 이죽거렸다.

"……."

브라보는 철호를 멀거니 바라보고 있을 뿐이었다.

"어, 이제 보니 눈동자도 맛이 갔네? 너 아침에 동태찌개 먹었구나? 그러니까 동태눈이 됐지."

브라보는 아무 대꾸도 없이 교실로 들어갔다.

학교에서 돌아온 브라보는 어제보다 일찍 체육관으로 갔다. 이른 시간이어서 그런지 운동하는 사람들이 조금 적어 보였다.

"오, 너 왔구나."

닥터김은 브라보를 보자 반갑게 맞으며 물었다.

"몸은 괜찮아? 견딜 만해?"

"네, 괜찮아요!"

브라보의 씩씩한 대답에 닥터김은 빙긋이 웃었다.

"그래, 뭐부터 시작하는지 알지?"

"스트레칭이요!"

"그럼 혼자 하고 있어라."

말을 마친 닥터김은 사무실로 들어갔다.

얼마 후 브라보가 땀이 흐를 정도로 스트레칭 운동을 하고 있자 닥터김이 다시 다가왔다.

"너 오른손잡이지?"

"네."

"그러면 이런 자세를 취하거라."

닥터김은 두 팔을 얼굴 가까이에 대는 자세를 보여 주었다.

"턱을 숙이고 오른손 팔꿈치는 겨드랑이에 붙여서 명치를 보호하고 주먹은 인중 앞에 올리는 거야. 왼손은 눈썹까지 올리고. 이게 복싱 기술의 기본자세다. 따라 해 봐."

브라보는 닥터김의 자세를 보고 그대로 흉내 냈다.

"팔을 더 붙여. 고개도 더 숙이고. 앞에서 보면 올린 네 팔이 11자가 되도록 해야 해."

그리고 닥터김은 브라보가 하고 있는 잘못된 자세를 다듬어 주었다.

"팔꿈치를 몸에 붙이는 게 포인트야. 왼쪽 팔꿈치는 살짝 벌려 주고."

"왼손 올리고 있기가 힘들어요."

▲ 복싱 기본자세

"아직 낯설어서 그런 거야. 익숙해지면 괜찮단다. 왼손 가드가 내려가면 상대에게 안면이 노출되기 때문에 얼굴을 공격당하거든. 그래서 힘들어도 항상 올리고 있어야 해."

이렇게 브라보는 복싱의 길로 한 발자국, 두 발자국 걸어가기 시작했다.

BOXING

# 2

# 백조가 되어 가는 브라보

“으……, 팔이야. 다리도 아프고…….”

며칠이 지나자 브라보의 온몸이 뻐근하게 아팠다. 마치 살을 잡아당기는 것 같은 통증이었다. 그래서 닥터김에게 이유를 물으니 빙긋이 웃으며 이런 대답을 해 주었다.

“그건 네 몸에 근육이 생기려고 그러는 거야. 두부 같은 네 살이 고무줄처럼 변하는 거지. 조금만 더 참으면 통증이 없어질 거야. 몸도 달라질 거고.”

닥터김 말을 듣고 보니 물컹물컹하던 팔뚝이 조금 단단해진 것 같았고, 불룩하던 배도 조금 들어간 것 같았다.

그러나 브라보가 현재 복싱체육관에서 하는 운동이라고는 고작 스트레칭과 스텝 연습뿐이었다. 다른 관원들처럼 펀칭볼을 두드리거나 샌드백을 치는 공격 기술을 배워 아이들에게 자랑하고 싶은데, 일주일이 넘도록 가르쳐 주지 않는 거였다.

브라보는 열흘째 되는 날 조심스럽게 물었다.

"저…… 관장님, 공격 기술은 언제 배우나요?"

"왜? 기본기만 하니까 재미없니? 그래도 완전히 숙달될 때까지 연습해야 해. 기초가 부실한 집은 금방 무너지듯이 복싱도 기초가 튼튼해야 기술을 제대로 쓸 수가 있거든."

"그래도 전……."

"왜? 무슨 이유라도 있니?"

"절 무시하는 애들을 얼른 혼내 주고 싶거든요."

브라보는 머리를 만지며 멋쩍게 웃었다.

"뭐라고?"

닥터김의 얼굴이 갑자기 무섭게 변했다.

"너 그런 마음으로 복싱을 배우려면 당장 그만둬!"

"예?"

"복싱은 스포츠야. 링 안에서만 정해진 규칙대로 시합을 해서 승패를 겨루는 신성한 스포츠야. 그런데 너처럼 싸움에 사용하겠다면 절대로 가르쳐 줄 수 없다. 그건 가르친 나를 욕 먹이는 짓이고 나아가 복싱을 모욕하는 거야."

"그렇군요. 죄송합니다. 말씀을 듣고 보니 제가 잘못 생각한 것 같아요."

브라보의 사과에 닥터김은 금방 누그러져 타이르듯 말했다.

"그래, 그렇게 복수하겠다는 마음은 너 자신에게도 해가 돼. 삐뚤어진 마음으로 올바른 인격이 형성될 리가 없잖니."

"예……."

"네가 강해지면 그만큼 너그러운 마음이 생긴단다. 다른 애들이 아무리 뭐라고 해도 아무렇지 않게 느껴져. 그러면 네가 굳이 힘자랑을 안 해도 다른 애들이 알아본단다."

"알겠습니다. 삐뚤어진 생각은 다 버리고 운동만 열심히 하겠습니다."

"그럼, 그래야지."

닥터김은 빙그레 웃으며 브라보의 어깨에 손을 얹었다.

브라보는 수업이 끝나자 부지런한 걸음으로 학교 운동장을 나가고 있었다. 얼른 체육관에 가서 복싱을 하고 싶어서였다. 더구나 오늘부터는 공격 기술을 가르쳐 준다고 하니 벌써부터 마음이 설레었다.

"브라보야!"

막 교문을 나서려는데 귀에 익은 목소리가 들렸다. 바비였다.

"웬 걸음이 그렇게 빠르니?"

바비는 뛰다시피 하여 다가왔다.

"너 요새 달라졌더라? 살도 빠진 것 같고, 오늘 체육 시간에도 보니까 곧잘 하던데? 뭐 하는 것 있니?"

"으응, 하기는 뭘……."

브라보는 머리를 만지며 멋쩍은 표정을 지었다. 마음 같아서는 복싱을 한다고 자랑하고 싶었지만, 왠지 그 말이 입 밖에 나오지 않았다.

"그냥…… 애들이 너무 많이 놀려서 저녁에 조금씩 운동을 하고 있어."

"그랬니? 그래서 날씬해지고 날렵해 보이는구나. 잘했어, 그러니까 보기도 좋잖아."

바비와 몇 마디 나누며 교문을 나서니 길 저쪽에 있던 승용차가 다가왔다. 바비 엄마가 타고 온 차였다. 바비 엄마는 매일 이렇게 바비를 학교에 데려다주고 태우러 왔다.

"안녕, 내일 봐."

차를 탄 바비는 차창 밖으로 손을 내밀어 흔들었다.

멀어지는 바비네 차를 바라보는 브라보의 마음은 기쁨으로 일렁거렸다. 드디어 바비가 자기를 알아주기 시작한 거였다.

복싱 체육관에 간 브라보는 여느 때보다 더욱 열심히 운동을 하고 있었다. 아마 바비가 준 격려 때문인 것 같았다.

그런 모습을 흐뭇한 표정으로 보고 있던 닥터김이 다가왔다.

"오늘부터 공격 기술을 가르쳐 준다고 했지?"

"네? 예!"

브라보는 자기도 모르게 싱글거렸다.

## 복싱 상식

### 공격 동작에 대한 설명

• 잽(Jab)

잽은 다양한 공격 기술 가운데 가장 기본이 되며 인파이터복싱과 아웃복싱을 구사하는 선수들에게 매우 유용한 기술이다. 즉 상대를 공격할 뿐만 아니라 견제, 공격을 저지하는 데도 매우 중요한 기술이기 때문이다. 이 기술의 방법으로는 스텝과 스냅을 이용하여 안면과 동체 부위에 가격할 수 있다(잽은 스트레이트 동작과 동일하며 손의 위치에 따라 앞에 있는 손이 잽이 된다. 즉 오른손잡이는 왼손이 잽이 되며, 왼손잡이는 오른손이 잽이 된다).

▲ 잽

• 스트레이트(Straight)

스트레이트는 공격 기술 중 비교적 간단하고 신속 · 정확하며, 중거리 공격에 많이 사용되기 때문에 아웃복싱을 구사하는 선수들이 가장 많이 사용하는 기술이다. 이 기술은 손의 사용 방향에 따라 레프트 스트레이트와 라이트 스트레이트, 그리고 안면과 동체로 가격할 수 있다.

▲ 스트레이트

동영상 02 제자리 스텝(4번)-잽(3번)

동영상 03 제자리 스텝(4번)-라이트 스트레이트

동영상 04 잽-잽-원투-제자리 스텝(4번)

동영상 05 잽-잽-원투쓰리-제자리 스텝(4번)

동영상 06 잽-잽-원투원투-제자리 스텝(4번)

동영상 07 잽-잽-투원투-제자리 스텝(4번)

• 훅(Hook)

훅은 접근전에 많이 사용되기 때문에 인파이터 선수에게 상당히 유용한 기술이다. 이 기술은 상대방의 공격을 피하거나 상대가 공격해 오는 경우에 턱이나 복부를 향해 공격할 수 있으며, 선제공격으로 많이 사용된다. 훅을 효과적으로 사용하기 위해서는 거리와 각도가 매우 중요하다.

이 기술은 손의 사용 방향에 따라 레프트 훅, 라이트 훅 그리고 가격 부위에 따라서 안면 훅과 동체 훅, 거리에 따라서 숏 훅과 롱 훅으로 구분할 수 있다.

▲ 레프트 훅

▲ 라이트 훅

동영상 08 라이트 훅-레프트 훅

동영상 09 제자리 스텝(4번)-잽-라이트 훅

동영상 10 제자리 스텝(4번)-잽-라이트 훅-레프트 훅

동영상 11 제자리 스텝(4번)-잽-레프트 훅

동영상 12 제자리 스텝(4번)-잽-레프트 훅-라이트 훅

동영상 13 제자리 스텝(4번)-원투-레프트 훅

동영상 14 제자리 스텝(4번)-원투-레프트 훅-라이트 훅

• 어퍼컷(Uppercut)

어퍼컷은 아래에서 위로 올려치는 기술로 일반적으로 접근전에 많이 사용되기 때문에 인파이터 선수에게 매우 유용한 기술이며, 오소독스(orthodox)와 사우스포(southpaw) 선수들 간의 경기에서 많이 사용된다. 이 기술은 키가 큰 선수가 상대적으로 작은 선수에게 선제공격으로도 사용되며, 상대방의 공격을 피하거나 상대가 공격해 오는 경우에 받아치기의 개념으로 복부를 향해 공격할 수도 있다. 그리고 접근전에서도 효율적으로 사용되는 기술이다.

이 기술은 손의 사용 방향에 따라 레프트 어퍼컷, 라이트 어퍼컷 그리고 가격 부위에 따라서 안면 어퍼컷과 동체 어퍼컷으로 구분할 수 있다.

▲ 레프트 어퍼컷

▲ 레프트 어퍼컷(보디)

▲ 라이트 어퍼컷

▲ 라이트 어퍼컷(보디)

동영상 15
라이트 어퍼컷-레프트 어퍼컷

동영상 16
제자리 스텝(4번)-잽-라이트 어퍼컷

동영상 17
제자리 스텝(4번)-잽-라이트 어퍼컷-레프트 어퍼컷

동영상 18
제자리 스텝(4번)-잽-레프트 어퍼컷

동영상 19
제자리 스텝(4번)-잽-레프트 어퍼컷-라이트 어퍼컷

동영상 20
제자리 스텝(4번)-원투-레프트 어퍼컷

동영상 21
제자리 스텝(4번)-원투-레프트 어퍼컷-라이트 어퍼컷

"자, 우선 스트레이트부터. 이게 스트레이트야."

닥터김은 왼쪽 주먹을 뻗고, 이어 윗몸을 틀며 오른쪽 주먹을 뻗는 동작을 보여 주었다.

"이렇게요?"

브라보가 엉성하게 따라 하자 닥터김은 살짝 웃으며 다시 한 번 보여 주었다.

"그게 아니고, 이렇게 원에 왼쪽 주먹을 뻗고 투에 오른쪽 주먹을 뻗는데, 투 할 때 뒷발과 골반을 동시에 틀어 주며 주먹을 팔꿈치 안으로 뻗는 거야. 주먹을 뻗을 때 어깨에 힘을 빼고 던지듯 뻗는 거야. 이렇게."

닥터김은 브라보 얼굴을 향해 주먹을 날렸다 거둬들였다. 마치 그림자가 스치듯 순식간에 주먹이 왔다 갔다.

"너 혼자서는 잘 모르니까 거울을 봐. 거울에 비친 네 턱을 향해 주먹을 뻗어 봐. 그리고 거울에 비친 네 동작이 내가 보여 준 동작과 같은지 보고 다른 관원들 동작과도 비교해 봐."

"네, 알겠습니다."

브라보는 거울에 비친 자기 모습을 향해 주먹을 뻗기 시작했다. 원투, 원투, 뻗고 또 뻗고, 그날은 집에 갈 때까지 그 동작만 반복하며 시간을 보냈다.

이튿날도 체육관에 가자마자 거울 앞에 서서 어제 배운 스트레이트를 연습하고 있는데 닥터김이 다가왔다. 양손에는 야구 글러브 비슷하게 생긴 것을 끼고 있었다.

"오늘은 이제껏 연습한 스트레이트로 이 미트를 치는 거야."

닥터김은 손에 낀 미트를 얼굴 높이로 들었다.

"네!"

브라보가 즉시 미트를 향해 원투 주먹을 날리자 닥터김이 다시 주문했다.

"뻿뻿이 서서 하지 말고 스텝을 앞뒤로 뛰면서!"

브라보는 시키는 대로 스트레이트를 뻗었다.

"왼손은 오른쪽 미트를! 오른손은 왼쪽 미트를!"

그렇게 말하며 닥터김이 미트를 조금씩 움직였는데, 그렇게 하니 잘 맞지 않아 헛손질이 나갔다.

"미트를 보고 쳐야지! 무조건 주먹을 뻗으면 맞겠니?"

얼마 동안 미트를 대 주던 닥터김은 브라보를 체육관 한쪽으로 데리고 갔다. 그곳에는 럭비공 비슷한 것이 매달려 있었다. 브라보도 다른 관원들이 그것을 치는 모습을 봐서 뭐 하는 것인지 대충은 알고 있었다.

▲ 편칭볼

"이건 펀칭볼이라고 잽을 연습하는 도구다. 잽은 상대방 공격을 저지하며 다음 공격을 만들기 위한 공격 기술이다. 잘 봐."

닥터김은 펀칭볼 치는 시범을 보였다. 타타타타 소리를 내며 주먹을 수없이 뻗어 펀칭볼을 치는데, 마치 모터에 의해 돌아가는 기계 같아 보였다.

"어때, 해 보겠니?"

"네!"

브라보는 곧 펀칭볼을 향해 주먹을 뻗었다. 그러나 처음 뻗은 주먹만 맞혔을 뿐 이리저리 흔들리는 펀칭볼에 계속 헛손질만 해 댔다.

"무조건 주먹을 뻗지 말고, 펀칭볼을 보고 따라가며 뻗어야지. 이렇게."

닥터김이 다시 시범을 보였다. 자석에 붙는 철처럼 펀칭볼이

어디로 움직이든 닥터김의 주먹은 따라가 부딪쳤다.

"다시 해 봐."

"네."

브라보는 첫 주먹에 펀칭볼을 맞히고는 펀칭볼의 움직임에 따라 주먹을 뻗었다. 그렇게 하니 닥터김처럼은 되지 않았지만 제법 흉내는 낼 수 있었다.

얼마 동안 펀칭볼을 두드리며 잽 연습을 하고 있으니 닥터김이 다시 미트를 끼고 다가왔다.

"자, 이번엔 지금 연습한 잽으로 왼쪽 미트를 두 번 치고 스트레이트로 오른쪽 미트를 치는 거야."

브라보는 곧 시키는 대로 왼쪽 주먹으로 잽을 날리고 오른쪽 주먹을 날렸다.

"앞뒤로 스텝을 밟으며! 잽은 툭툭 치듯이!"

들락거리며 미트를 치던 브라보는 이제야 비로소 복싱을 배우는 기분이 들었다.

"원투! 원투!"

구령에 맞춰 주먹을 뻗는 브라보의 눈은 점점 광채가 났다. 그렇게 브라보는 복싱의 매력에 빠져들어 갔다.

이 밖에도 닥터김은 옆구리나 얼굴 측면을 공격하는 훅 기술과 턱이나 복부를 공격하는 어퍼컷 기술을 가르쳐 주면서 브라보를 복싱 파이터로 만들어 갔다.

점심시간의 학교 건물 뒤였다. 아카시아 나뭇가지가 늘어져 있는 그곳은 좁고 으슥해서 아무도 오지 않는 장소였다.

그런데 점심시간이 조금 지나자 한 아이가 와서는 나뭇가지 잎을 주먹으로 치고 있었다. 바로 브라보였다. 브라보는 점심밥을 먹자마자 이곳에 와서는 주먹을 힘껏 뻗는 연습을 하고 있었다.

"흡! 흡!"

거친 숨소리와 함께 주먹을 좌우로 뻗고, 연속해 치고, 후려치고, 올려치는 등 복싱 체육관에서 배운 공격 기술을 연습하고 있었다.

그때, 점심을 먹은 후 어디서 시간을 보낼까 하고 여기저기를 기웃거리던 철호가 학교 건물 뒤로 가다가 걸음을 멈추었다.

'쟤는…….'

아카시아 나뭇잎을 치면서 복싱 연습을 하고 있는 브라보를 본 것이었다.

'쟤가 언제 저런 걸…….'

나뭇잎을 향해 현란한 주먹을 뻗는 브라보의 모습을 본 철호의 표정은 서늘하게 식었다. 보고 있으면서 얼마 전까지도 자기가 '뚱땡이'라고 놀리던 브라보가 맞는지 믿어지지 않았던 것이다.

'그러고 보니…….'

매일 보는 얼굴이라 눈치채지 못했지만, 지금 생각해 보니 확실히 달라지긴 한 것 같았다. 불룩 튀어나온 배가 어느 틈에 들어가 있었고, 둥글게 처져 있던 어깨도 쫙 벌어져 있었다. 무엇보다 지난주 체육 시간에는 뭘 해도 꼴찌였던 브라보가 계주에서 자기보다 빨라 깜짝 놀랐었다.

'다시 봐야겠네.'

이날 이후로 철호는 브라보를 '뚱땡이'라는 별명으로 부르지 않았다. 그뿐만 아니라 다정히 말을 걸거나 먹을 것을 나누어 주는 등 브라보가 어리둥절할 정도로 친근하게 대해 주었다.

브라보가 공격 기술에서 어느 정도 숙달된 모습을 보이자 닥터김은 마무리 기술로 방어 동작을 가르치기 시작했다.

"복싱 시합에서 상대를 공격하여 쓰러뜨리는 것이 중요하지만, 그에 못지않게 방어하는 것도 중요하다. 매에 장사 없다는 말처럼 아무리 몸이 좋아도 자꾸 맞다 보면 다운되게 되거든. 또한 공격을 많이 했어도 한 번의 펀치를 잘못 맞아 다운된다면 그 시합은 진 것이야."

그러면서 닥터김은 갑자기 와락, 브라보를 껴안았다.

"클린치라는 방어 동작이야. 상대 선수 겨드랑이에 손을 넣어 팔을 못 쓰게 하는 거지. 이 상태에서 날 때려 봐라."

브라보는 시키는 대로 자기를 껴안고 있는 닥터김에게 주먹을 휘둘렀으나 팔꿈치만 등에 닿을 뿐이었다.

"이건 더킹."

닥터김은 이번에는 윗몸을 좌우로 크게 흔들거나 앉았다 일어서는 모션을 보여 주었다.

"더킹은 상대 선수의 펀치를 옆이나 위로 흘려보내는 방어 동작이다. 자, 지금까지 배운 공격 기술을 다 사용해 날 공격해 봐라."

브라보는 곧 닥터김을 향해 스트레이트를 날리고 양쪽 훅과 어퍼컷을 올려쳤다. 그러나 닥터김의 윗몸이 좌우로 틀어지거나 앉으며 교묘하게 피해 한 대도 때릴 수가 없었다.

"이 방어 동작은 상대 선수의 공격을 피하는 목적뿐 아니라 상대 선수를 공격하기 위해 접근할 때 꼭 필요한 방어 동작이다. 뻣뻣하게 서서 들어갔다간 그냥 맞을 게 뻔하니까. 자, 더 킹으로 내게 들어와 봐."

"네."

브라보는 가드를 바짝 올리고 윗몸을 흔들며 닥터김에게 다가갔다. 그러나 닥터김은 브라보가 다가가기도 전에 손을 뻗어 브라보의 머리를 콕콕 찍어 댔다.

"그렇게 무조건 흔들고 들어오면 소용이 없어. 내 동작을 잘 보면서 흔들어야지. 내가 오른쪽 다리를 내밀면 오른쪽 펀치를 날리려는 동작이니까 그에 맞춰 흔들고, 왼쪽 손을 뒤로 빼면 왼쪽 펀치를 날리려는 동작이니까 그에 맞춰 몸을 틀어야지."

브라보가 닥터김의 움직임을 보며 들어가다 펀치를 뻗었다. 그러자 닥터김의 손이 마주 나오며 펀치를 쳐 냈다.

"이건 패링이라는 방어 동작이다. 너 패트리어트 미사일이라고 들어 봤지?"

"아, 적의 미사일이 날아오면 마주 발사하여 적 미사일을 공중에서 폭파하는 미사일요?"

"그래, 패링 방어 동작도 그와 같이 상대 선수 펀치가 자기에게 닿기 전에 손을 뻗어 쳐 내는 동작이야."

"네……."

브라보는 저절로 고개가 끄덕여졌다. 주먹으로 상대를 때리는 것만 다인 줄 알았던 복싱이 생각 밖의 여러 기술이 숨어 있어서였다.

"다음은 록 어웨이라는 방어 동작이다."

"또 있어요?"

"녀석도, 그럼 복싱이 간단한 줄 알았어?"

닥터김은 피식 웃고는 물었다.

"내 키가 너보다 크지?"

"그야 관장님은 어른이시니까 저보다는……."

"그럼 내 얼굴에 펀치를 날려 봐라."

"예?"

브라보는 잠시 망설이다가 재빨리 펀치를 뻗었다. 그러나 허공만 휘젓고 돌아왔을 뿐이었다. 닥터김이 윗몸을 뒤로 젖히며 피했기 때문이었다.

"이게 록어웨이다. 록어웨이는 상대 선수 키가 자기보다 작을 때 주로 사용하는 방어 동작이란다."

닥터김은 록어웨이와 어깨나 팔꿈치, 글러브를 이용해 상대 선수의 공격을 막는 블로킹이란 방어 동작도 설명해 주었다.

## 복싱 상식

### 방어 동작에 대한 설명

• 클린치(Clinch)

클린치는 두 선수가 시합 도중 접근전에서 몸을 서로 맞대거나 팔이 얽힌 상태로 상대방이 공격하지 못하도록 하는 방어 기술로, 공격에 실패하거나 체력이 급격히 감소될 때 주로 사용된다.

이 기술의 방법으로는 상대와의 접근 시 재빠르게 겨드랑이 사이로 자신의 양 손을 밀어 넣고, 상대의 공격을 무력화시켜야 한다. 하지만 클린치를 계속적으로 반복하면 주의나 경고를 받을 수 있기 때문에 경기 상황에 맞게 대처하는 요령을 길러야 할 것이다.

▲ 클린치

• 패링(Parring)

패링은 상대의 스트레이트 공격 기술에 대해 목표물에 도달하기 전 자신의 두 손을 이용하여 안쪽이나 바깥쪽으로 쳐 내는 기술이다. 이것은 주로 상대 선수의 공격기술 중 스트레이트에 대해 쓰이며 그 방법은 손바닥으로 상대편의 팔뚝이나 팔꿈치를 쳐내는 것이다. 패링에는 두 종류의 기본적인 방법이 있다. 상대방의 움직임을 안쪽(인사

▲ 패링(out → in)

이드)으로 돌리는 패링은 오른쪽으로부터 왼쪽으로, 왼쪽부터 오른쪽으로 상대의 복싱 자세를 안쪽으로 향하게 한다. 또한 밖(아웃사이드)으로의 패링은 그 반대 동작이라고 할 수 있다. 패링에서는 방어나 반격을 위하여 다른 손을 자유롭게 해 놓고 상대방으로부터의 제2의 가격을 주의해야 한다.

▲ 패링(in → out)

• 더킹(Docking)

더킹은 상대방의 공격에 대해 상체를 좌우 혹은 제자리에 앉으며 상대의 펀치를 무력화시키는 방어 기술이며, 접근전을 하기 위해서는 필수적인 기술이다.

이 기술의 방법으로는 상대와의 접근전을 위해 관찰력

▲ 더킹(왼쪽)

▲ 더킹(제자리)

▲ 더킹(오른쪽)

이 좋아야 하며, 상대의 움직임을 주시하고 상대의 공격에 따라 무릎을 좌우 혹은 제자리로 굽혀 상대의 공격을 무력화시켜야 한다. 하지만 벨트라인 아래로 과도한 더킹은 자칫 주의나 경고를 받을 수 있기 때문에 반복적인 훈련이 필요하다.

• 롤링(Rolling)

롤링은 상대방의 공격 진행 방향에 따라 허리 축은 세우고 무릎을 이용하여 상반신이나 어깨를 회전시키면서 펀치의 위력을 감소시키거나 피하는 방법이다. 상대방의 스피드가 극히 빠를 때는 불가능하지만, 이와 반대의 경우는 상체를 이완시켰다가 가격할 때 약간 긴장된 상태에서 가하는 것이 좋다.

특히, 접근전에서 상대의 측면을 공격하기 위하여 양 훅을 가격할 때 많이 사용되며, 주먹의 진행 방향을 살펴서 상대의 안면과 복부를 반격하는 기회를 가질 수 있다.

▲ 롤링

▲ 롤링

• 스톱핑(Stopping)

상대방이 타격하기 전에 이를 정지시키는 것으로서 블로킹보다 빠른 판단력과 동작이 요구된다. 이 방법은 글러브의 안쪽 손바닥과 손목으로 방어를 할 수 있으며, 레프트 스트레이트에 대해서는 오른 손바닥으로 하며, 라이트 스트레이트에 대해서는 왼 손바닥으로 방어를 해야 한다. 이 동작은 상대편의 자유스러운 손에 의한 가격을 방어하기 위해서 중요하다.

▲ 스톱핑

• 커버링(Covering)

커버링은 상대방으로부터 선제공격 또는 연타공격을 허용할 때 효율적으로 즉각 반응할 수 있는 방법으로, 안면에 위치하고 있는 두 손으로 상대가 공격해오는 부위를 막는 방어법이다.

상대방과의 난타전 상황에서 커버링의 1차적인 목표는 상대방의 공격을 무산시키는 것이고, 나아가 자신에게 유리한 공격 위치로 다시 전환하여 상대방의 허점을 파악하여 공격하는 것이다. 가능한 적극적인 공격수단이 빨리 이루어져야 한다. 이때의 공격전환 행동은 로프(rope)로부터 떨어지거나 또는 방어 후 바로 반격을 시작하는 것이라고 할 수 있다.

▲ 커버링

• 록어웨이(Rock away)

록어웨이는 아웃복싱을 구사하는 선수들이 주로 사용하며, 상대의 공격에 대해 하체를 고정한 채 상체를 뒤로 젖혀 공격을 무력화시키는 방어 기술이다. 이후 스트레이트 공격을 통해 상대에게 반격할 수 있다.

특히 이 기술은 21세기 복싱의 아이콘인 49전승의 사나이 플로이드 메이웨더의 전매특허 기술로도 잘 알려졌다.

▲ 록어웨이

• 블로킹(Blocking)_〈숄더 / 엘보〉

블로킹은 상대 선수의 공격을 자신의 어깨, 팔꿈치, 글러브 등을 이용해 방어하는 기술로서 중거리 또는 근거리에서 거리를 두고 공격하는 상대 선수의 모든 가격에 적용되는 대표적인 방어 기술이다.

숄더 블로킹은 안면을 향해 스트레이트의 공격이 가해지는 순간 왼쪽 어깨 또는 오른쪽 어깨를 회전시켜서 어깨로 펀치를 막는 기술이며, 엘보 블로킹은 보디를 가격해 올 때 팔꿈치를 옆구리에 밀착시켜 막는 기술이다. 특히 숄더 블로킹은 플로이드 메이웨더의 숄더 롤이라고도 불린다.

▲ 숄더 블로킹

▲ 엘보 블로킹

BOXING

# 3

# 복싱의 발자취

브라보가 복싱 체육관에 다닌 지 3달쯤 된 날이었다.

이날도 학교 수업을 마치자마자 체육관에 나와 땀을 흘리고 있는데 닥터김이 다가와 말을 걸었다.

"너 요새 거울 보니?"

"예? 거울이야 매일 보죠. 근데 왜요?"

"좀 달라져 보이지 않니?"

브라보는 고개를 갸웃하고는 말했다.

"그러긴 한 거 같아요. 남들도 살이 빠졌다고 하고……."

"얼마나 빠졌는지 체중은 재 봤어?"

"아뇨, 아직……."

"녀석, 체육관에 체중계가 있는데 한 번도 안 재 봤어? 이리 와봐."

닥터김은 창가로 브라보를 데리고 갔다. 그리고는 그곳에 놓인 체중계를 가리켰다.

"올라가 봐."

브라보가 체중계에 올라서자 바늘이 움직이더니 40kg을 가리키고는 멈췄다.

"우와! 이게 내 몸무게 맞아요?"

"그럼 체중계가 고장 난 줄 아냐?"

"내 몸무겐 48kg이었는데 8kg이나 줄었어요!"

"그것뿐이 아닐 거다. 저기 서 봐라."

닥터김은 옆에 세워진 키 재는 기구, 신장계를 가리켰다.

"네."

브라보가 신장계에 서자 닥터김은 측정 판을 내려 키를 재고는 불러줬다.

"167cm구나."

"정말요? 우와, 7cm나 컸어요!"

"그래. 내가 보기에도 훌쩍 큰 것 같구나."

"어떻게 3개월 만에 몸무게가 8kg이나 빠지고, 키는 7cm나 클 수가 있죠?"

"그게 다 다이어트 원리 때문이란다."

"다이어트요? 살 빼는 거요?"

"그래. 다이어트는 비만인 사람들이 보기 좋은 몸매를 만들기 위해 살을 빼는 거라고 할 수 있지. 그런데 어떤 사람들은 안 먹으면 살이 빠질 줄 알고 무조건 안 먹지만, 그러면 몸이 가지고 있는 살을 지키려고 대사량을 줄이며 식욕을 더 증가시킨단다. 그래서 굶어서 어느 정도 살을 뺐어도 결국에는 식욕을 참지 못하고 먹어서 전처럼 다시 살이 찌거나 더 찌게 된단다."

"예……. 근데 대사량이 무슨……?"

브라보가 모르는 말이라 물었다.

"대사량은 소비하는 에너지를 말하는 거야. 즉 운동을 하면 에너지가 많이 필요해 대사량이 늘어나고 안 하면 줄어드는 거지. 그러니까 다이어트 한다고 굶으면 살이 빠지니, 몸이 살이 빠지지 못하도록 대사량을 줄여 움직이기 싫어하게 하는 거야. 그리고 굶어서 빠진 살을 다시 보충하려고 자꾸 배고프게 하지. 몸은 가지고 있던 뚱뚱한 몸이 원래 자기 몸이라고 생각하고 있어서 조금만 축나도 원래대로 돌아가려고 하거든. 그래서 굶기만 해서는 다이어트에 성공할 수가 없어."

닥터김은 이어서 복싱의 다이어트 효과에 대해 설명했다.

## 복싱 뉴스

### 복싱의 다이어트 효과

복싱은 유산소성 무산소 운동으로서 다이어트에 매우 효과적이다. 복싱 운동 전 실시하는 준비 운동, 복싱 스텝, 공격 · 방어 동작은 유산소 운동으로 우리 몸에 축적되어 있는 체지방을 에너지원으로 사용하기 때문에 체지방 감소뿐만 아니라 다이어트에 탁월한 효과가 있다. 그뿐만 아니라 펀치를 숨 쉴 틈도 없이 순간적으로 뻗을 때는 화약과 같은 폭발적인 힘을 쓰게 되는데, 이때는 무산소 운동으로 전환되어 몸에 근력을 향상시키는 효과가 있다. 따라서 날씬한 몸매 + 탄력 있는 몸매를 만들 수 있는 매우 효과적인 운동이 바로 복싱이라고 할 수 있다.

이런 이유로 복싱은 체지방 감소는 물론이고, 균형 잡힌 몸매를 만들어 준다. 또한 줄넘기와 복싱 스텝의 점핑 운동은 성장판을 자극하여 키를 크게 해 준다. 브라보가 3달 만에 7cm나 자란 이유도 바로 이 운동 때문이다.

그뿐만 아니라 무산소 운동도 하기 때문에 근육량이 증가해서 두부같이 출렁이던 브라보의 팔다리가 짜 놓은 빨래같이 딴딴하게 뭉쳐져 있었다.

"그런 과학적인 원리가 있었군요!"

설명을 듣고 난 브라보는 저절로 감탄이 나왔다.

"이야기 나온 김에 복싱의 역사에 대해서도 말해 줄까?"

"복싱의 역사요? 복싱은 어떻게 만들어졌는데요?"

"복싱은 만들어졌다기보다는 자연적으로 생겨났다고 보는 게 맞는 표현일 거다. 사람은 두 다리로 땅을 디디고 서 있기 때문에 싸울 때는 필연적으로 자유로운 두 팔을 사용할 수밖에 없으니까. 그래서 복싱을 배우지 않은 사람이라도 싸울 때 주먹을 휘두르잖니. 복싱처럼 정교한 손놀림은 아니지만. 대체로 마구 휘두르는 주먹인데, 그런 걸 뭐라고 부르는지 아니?"

"뭐라고 그러는데요?"

닥터김은 피식 웃고 대답했다.

"물레방아 권법."

"예?"

"물레방아 몰라? 물이 흘러 떨어지는 힘으로 커다란 바퀴를 돌려서 곡식을 찧는 옛날의 방앗간 기계."

"아, 그거요!"

브라보는 그제야 생각난 듯 환하게 웃었다.

"그러니까 그 물레방아 바퀴처럼 주먹을 마구 휘두른다는 말이군요."

"그렇지. 그러나 그런 사람이 복싱을 배운 사람과 대결하면 복싱의 콕콕 찌르는 공격 기술에 여지없이 무너지고 만단다."

"예……. 그럼 복싱이 자연적으로 생겨났다는 말씀은……?"

"그건 사람들이 오랜 싸움으로 얻은 경험에서 나온 것이지. 예를 들어 주먹을 크게 휘두르는 것보다는 허리를 이용해 짧게 꺾어 치는 방법이 잘 맞춰지고 힘이 들어간다거나, 직선으로 뻗어 치면 먼 거리에서도 공격할 수 있고 상대방의 공격을 저지할 수 있다거나, 가만있지 않고 이리저리 스텝을 밟음으로써 상대방에게 헛손질을 이끌어 내고 공격할 기회를 만든다거나 하는 기술들이야."

"그렇군요……."

"그런 복싱이 오늘날에 스포츠로 자리 잡게 된 계기는……."

닥터김은 계속해서 복싱의 역사에 대해 설명해 주었다.

## 복싱 역사

### 복싱 시합의 역사

복싱을 처음 시합으로 삼은 곳은 고대 그리스였다. 귀족들의 오락거리로 주로 포로나 노예들을 시켜 시합을 했는데, 아무 보호 장비도 없이 맨주먹으로 싸워 피투성이가 되기 일쑤였다. 거기다 시간제한도 없어 시합하는 두 사람 중 하나가 정신을 잃고 쓰러져야만 끝이 났다.

후에 로마에서도 복싱 시합을 했는데, 그때는 더욱 잔인하게 금속을 입힌 가죽띠를 손에 감고 했기 때문에 주먹에 맞으면 살이 떨어져 나갈 정도였다. 폭력을 아무렇지 않게 여기던 그 시대 사람들도 너무 잔인하다 하여 기원전 100년대에 금지시켰다.

없어졌던 복싱 시합이 다시 생긴 때는 18세기 초였다. 검술과 곤봉술로 이름을 떨쳤던 영국의 운동선수 '제임스 피그'가 체계적인 복싱 기술을 만들고는 1718년 영국 런던에 복싱 학교를 열어 제자들에게 가르치기 시작했는데, 그렇게 배운 선수들이 시합을 하기 시작한 것이다.

제임스 피그가 만든 복싱은 지금의 복싱과는 약간 달랐다. 구부린 팔을 몸에 붙이는 지금의 복싱 방어 자세와는 다르게 제임스 피그의 복싱 방어 자세는 구부린 팔을 앞으로 내밀고 고개를 젖히고 시합하는 모습이 마치 캥거루가 싸우는 모습과 비슷했다. 보호 장비는 손에 천을 감는 게 전부로 맨손과 다름없어 부상이 심했다. 이기는 선수는 상금을 받았는데, 시합으로 돈을 버는 선수를 '프라이즈 파이터'라고 불렀다. 지금의 프로 복서 뿌리인 셈이다.

그러다 1743년 제임스 피그의 제자 '잭 브로턴'이 처음으로 복싱을 스포츠화하였고 7개의 경기 규칙을 만들었다. 그리고 4년 뒤인 1747년에 부상을 방지하기 위해 처음으로 글러브를 만들어 선수의 손에 끼우고 시합을 하게 했다.

잭 브로턴이 만든 규칙은 1786년까지 이어져 가다가 아마추어 스포츠 협회 임원인 'J.G.젬버'에 의해 새로운 규칙이 만들어졌다. 젬버가 만든 규칙은 '퀸즈베리 룰'이라고 불렀는데, 복싱 후원자이던 귀족 '퀸즈베리 후작' 이름을 따서 지은 명칭이었다.

퀸즈베리 룰은 현대 복싱 규칙의 기반이 되었고, 19세기 말부터는 몸무게에 따라 나눈 체급별로 경기를 하게 되었다.

"어휴, 복싱의 역사는 엄청나게 길군요. 고대 그리스부터라면 약 3,000년 전부터 시작했다는 거잖아요?"

설명을 다 들은 브라보는 그 긴 복싱의 역사에 대해 경외감이 들었다.

"시합을 하기 시작한 지가 그 정도 되었다는 거고, 더 오래되었다고 봐야지. 앞서 얘기했듯이 두 발로 걷는 사람은 두 손으로 싸울 수밖에 없으니까. 인류가 탄생하면서부터 생겨났다고 봐야겠지."

"예……. 그런데 지금은 살을 빼기 위해 복싱을 많이 하는데 옛날에도 그랬나요?"

"아니지. 다이어트 목적으로 복싱을 배우는 사람이 생겨난 것은 현대에 들어서고부터야. 요즘은 물자가 풍부해서 사람들이 고기와 같은 고칼로리의 음식을 많이 먹잖니. 그런데 문 앞에서 문 앞으로 차를 타고 갈 정도로 교통이 발달한 데다 조금만 높은 건물이라도 엘리베이터나 에스컬레이터가 설치되어 있어 걸을 필요가 없지. 거기에다 전화만 하면 음식을 다 배달해 주고, 쇼핑도 컴퓨터로 보고 물건을 고른 다음 주문하면 배달해 주니 움직일 일이 없으니 살이 찔 수밖에. 이 때문에 따로 다이어트 운동을 해야 했는데, 복싱이 거기에 딱 맞는 운동이거든.

그래서 지금은 복싱의 다이어트 효과를 응용해서 만든 복싱 에어로빅, 복싱 댄스, 락권, 리권, 필록싱 등 복싱을 활용한 다양한 다이어트 운동이 생겨나고 있단다."

"그렇군요……. 그럼 우리나라에는 언제쯤 복싱이 들어온 건가요?"

"우리나라 복싱은 서울 종로에 있는 극장 단성사 주인 박승필에 의해 시작되었단다."

닥터김은 우리나라의 복싱 역사에 대해서도 소개하였다.

# 복싱 역사

## 우리나라의 복싱 역사

우리나라에 서구 스포츠가 들어온 시기는 1885년과 1886년 설립된 배재학당과 경신학교에서 시작되었는데, 이때 복싱도 선교사들을 통해 도입되었다.

그로부터 20여 년 후, 스포츠에 관심이 많았던 단성사의 주인 '박승필'은 1912년 10월 7일에 유도와 씨름, 복싱을 포함한 '유각권'이란 단체를 만들었다.

유각권에서 복싱 꿈나무들이 어느 정도 자란 4년 후인 1916년 중앙기독교청년회 총무 미국인 선교사 '질레트'가 복싱 글러브를 들여와 정식 보호 장비를 갖추고 시합을 하게 되었다.

그러다 1922년 12월 24일 YMCA에서 우리나라 처음으로 '이혜택' 선수와 미국인 '수바' 선수의 국제경기가 개최됐다.

1924년에는 '김영구'에 의해 YMCA 단체에 처음으로 시설을 제대로 갖춘 복싱 체육관을 개관하였으며, 1925년 1월 30일 제9회 YMCA 운동회에서 한 종목으로 채택하면서부터 널리 보급되었다.

이후, 1932년 1월 20일에 '전조선아마추어권투연맹'이 결성되었고 1933년 조선체육회에서 프로 권투와 아마추어 권투를 구분하려는 취지에서 아마추어 규약을 선포하였다.

1945년 10월에는 '전조선아마추어권투연맹'이 '대한아마추어권투연맹'으로 이름을 바꾸고, 1947년에 AIBA(Association Internationale de Boxe Amateur, 국제아마추어복싱연맹)에 가입하였다.

'대한체육회'는 1953년 5월에 가입하였고, 1962년 12월 3일 FAAB(아시아아마추어복싱연맹)의 창설 회원국이 되었다. 1963년 2월 대한아마추어복싱연맹으로 이름을 바꾸었으며, 2014년 (사)대한복싱협회로 이름이 바뀌었다.

1) **도입기**(1912~) 복싱의 국내 도입. 한국 복싱의 태동
2) **전개기**(1932~) 국내 아마추어 복싱 기반 구축
3) **정립기**(1945~) 해방 후 전쟁의 암흑 속에서 국민에게 희망 전도사 역할
4) **발전기**(1962~) 한국복싱, 국민 스포츠로 발돋움
5) **확대기**(1982~) 국제대회 대도약으로 세계의 중심에 서다
6) **중흥기**(2013~) 한국복싱 100년 '복싱 강국'을 넘어 '복싱 선진국'으로

"예. 선교사들이 복싱을 들여온 거군요……."

우리나라 복싱 역사를 들은 브라보는 하나님의 말씀을 전하는 선교사가 싸우는 스포츠인 복싱을 들여왔다고 하니 묘한 기분이 들었다.

'복싱을 배워 나쁜 사람들을 벌하라고 들여온 건가?'

이런 생각을 하니 자신이 마치 하나님의 명령을 받은 수호천사라도 된 것 같았다.

브라보는 더욱 열심히 샌드백을 두드리기 시작했다.

## 복싱 역사

### 우리나라 역대 올림픽 복싱 메달리스트

*1948년 제14회 올림픽(영국 런던)

– 한수안, 동메달 획득(대한민국 최초 동메달)

*1952년 제15회 올림픽(핀란드 헬싱키)

– 강준호, 동메달 획득

*1956년 제16회 올림픽(호주 멜버른)

– 송순천, 은메달 획득(대한민국 최초 은메달)

*1964년 제18회 올림픽(일본 도쿄)

– 정신조, 은메달 획득

*1968년 제19회 올림픽(멕시코 멕시코시티)

– 지용주, 은메달 획득

– 장순길, 동메달 획득

*1984년 제23회 올림픽(미국 로스앤젤레스)

– 신준섭, 금메달 획득(대한민국 최초 금메달)

– 안영수, 은메달 획득

– 전칠성, 동메달 획득

*1988년 제24회 올림픽(대한민국 서울)

– 김광선, 금메달 획득

– 박시헌, 금메달 획득

– 백현만, 은메달 획득

– 이재혁, 동메달 획득

＊1992년 제25회 올림픽(스페인 바르셀로나)

– 홍성식, 동메달 획득

– 이승배, 동메달 획득

＊1996년 제26회 올림픽(미국 애틀랜타)

– 이승배, 은메달 획득(2회 연속 메달 획득)

＊2004년 제28회 올림픽(그리스 아테네)

– 조석환, 동메달 획득

– 김정주, 동메달 획득

＊2008년 제29회 올림픽(중국 북경)

– 김정주, 동메달 획득(2회 연속 메달 획득)

＊2012년 제30회 올림픽(영국 런던)

– 한순철, 은메달 획득

❖금메달 3개, 은메달 7개, 동메달 10개 합계 메달 20개❖

## 우리나라 역대 세계 챔피언

*1966년 김기수

– WBA Jr. 미들급 챔피언 2차 방어

*1974년 홍수환

– WBA 밴텀급 챔피언 1차 방어

*1977년 홍수환

– WBA Jr. 페더급 챔피언 1차 방어

*1975년 유제두

– WBA Jr. 미들급 챔피언 1차 방어

*1976년 염동균

– WBC S밴텀급 챔피언 1차 방어

*1978년 김성준

– WBC L플라이급 챔피언 3차 방어

*1979년 김상현

– WBC S라이트급 챔피언 2차 방어

*1979년 박찬희

– WBC 플라이급 챔피언 5차 방어

*1980년 김태식

– WBA 플라이급 챔피언 1차 방어

*1981년 김철호

– WBC S플라이급 챔피언 5차 방어

*1981년 김환진

– WBA Jr.플라이급 챔피언 1차 방어

*1983년 장정구

– WBC L플라이급 챔피언 15차 방어(명예의 전당 입성)

*1983년 전주도

– IBF 밴텀급 챔피언 5차 방어

*1983년 권순천

– IBF 플라이급 챔피언 5차 방어

*1984년 오민근

– IBF 페더급 챔피언 2차 방어

*1984년 서성인

– IBF Jr.페더급 챔피언 1차 방어

*1984년 유환길

– IBF Jr.라이트급 챔피언 1차 방어

*1984년 박종팔

– IBF S미들급 챔피언 8차 방어

*1987년 박종팔

– WBA S미들급 1차 방어

*1985년 김지원

– IBF Jr.페더급 챔피언 3차 방어

*1985년 정기영

– IBF Jr.페더급 챔피언 2차 방어

*1985년 유명우

– WBA Jr.플라이급 챔피언 17차 방어

*1985년 정종관

– IBF 플라이급 챔피언

*1986년 정비원

– IBF 플라이급 챔피언

*1986년 신희섭

– IBF 플라이급 챔피언 1차 방어

*1986년 최점환

– IBF Jr.플라이급 챔피언 3차 방어

*1989년 최점환

– WBA S플라이급 챔피언

*1987년 이승훈

– IBF Jr.페더급 챔피언

*1987년 정태일

– IBF Jr.밴텀급 챔피언

*1987년 박찬영

– WBA 밴텀급 챔피언

*1987년 이경연

– IBF M플라이급 챔피언

*1987년 최창호

– IBF 플라이급 챔피언

*1988년 김용강

– WBC 플라이급 챔피언 2차 방어

*1991년 김용강

– WBA 플라이급 챔피언 2차 방어

*1988년 문성길

– WBA 밴텀급 챔피언 2차 방어

*1990년 문성길

– WBC 플라이급 챔피언 9차 방어

*1989년 이열우

– WBC L플라이급 챔피언

*1990년 이열우

– WBA 플라이급 챔피언

*1989년 김봉준

– WBA 미니멈급 챔피언 5차 방어

*1989년 백인철

– WBA S미들급 챔피언 2차 방어

*1991년 최희용

– WBA 미니멈급 챔피언 4차 방어

*1991년 최희용

– WBA Jr.플라이급 챔피언 1차 방어

*1991년 박영균

– WBA 페더급 챔피언 8차 방어

*1993년 변정일

– WBC 밴텀급 챔피언 1차 방어

*1994년 이형철

– WBA Jr.밴텀급 챔피언 1차 방어

*1995년 최용수

– WBA J라이트급 챔피언 7차 방어

*1998년 조인주

– WBC S플라이급 챔피언 5차 방어

*1999년 최요삼

– WBC L플라이급 챔피언 3차 방어

*2007년 최요삼

– WBO L플라이급 챔피언 1차 방어

1985년 월드컵국제복싱대회 금메달

1985년 아시아선수권대회 금메달

1987년 대한체육회 체육부장관상

1987년 아시아선수권대회 금메달

1988년 서울올림픽대회 금메달

1988년 아시아첼린저대회 금메달

1988년 대한민국체육훈장 청룡장

*이승배

1992년 바르셀로나올림픽대회 동메달

1993년 동아시아대회 금메달

1994년 아시아선수권대회 금메달

1994년 히로시마아시아경기대회 금메달

1996년 애틀랜타올림픽대회 은메달(대한민국 최초 2체급 메달)

1998년 방콕아시아경기대회 은메달

*조석환

2000년 서울컵국제복싱대회 금메달

2003년 세계군인선수권대회 금메달

2003년 BOXAM컵 국제복싱대회 은메달

2003년 골든벨트컵 국제복싱대회 금메달

*1999년 백종권

– WBA S페더급 챔피언 1차 방어

*2004년 지인진

– WBC 페더급 챔피언 2차 방어

## 대한민국을 빛낸 22인의 복서

### 아마추어 복서

*한수안

1948년 런던올림픽대회 동메달(대한민국 사상 올림픽 첫 메달)

1952년 헬싱키올림픽대회 출전

*송순천

1956년 멜버른올림픽대회 은메달(올림픽 사상 첫 은메달)

1956년 대한민국 체육상

1970년 한국체육 50년 공로패

1976년 국민훈장 석류장

*신준섭

1982년 탐머국제복싱대회 동메달

1983년 킹스컵국제복싱대회 은메달

1983년 월드컵국제복싱대회 금메달

1984년 LA올림픽대회 금메달(복싱 종목 사상 첫 금메달)

1986년 서울아시아경기대회 금메달

*문성길

1982년 킹스컵국제복싱대회 은메달

1982년 뉴델리아시아경기대회 금메달

1985년 서울컵국제복싱대회 금메달

1986년 세계선수권대회 금메달(복싱 종목 사상 세계선수권대회 첫 금메달)

1986년 서울아시아경기대회 금메달

1987년 WBA밴텀급 세계챔피언 등극

1989년 WBC슈퍼플라이급 세계챔피언 등극

1993년 WBC타이틀 9차 방어

*김광선

1982년 인도네시아대통령배국제복싱대회 금메달

1983년 킹스컵국제복싱대회 금메달

1987년 세계월드컵복싱대회 금메달

1987년 서울컵국제복싱대회 금메달

1988년 서울올림픽대회 금메달

*박시헌

1985년 대한민국 체육훈장 기린장

2003년 차이나오픈국제복싱대회 은메달

2003년 아시아선수권대회 은메달

2003년 세계선수권대회 동메달

2004년 아테네올림픽 동메달

2004년 타이탄게임 금메달

*김정주

2002년 부산아시안게임 금메달

2003년 골든벨트컵 국제복싱대회 은메달

2004년 아테네올림픽대회 동메달

2008년 베이징올림픽대회 동메달

*이옥성

2004년 인도네시아대통령배 금메달(MVP)

2005년 세계선수권대회 금메달

2005년 골든벨트컵 국제복싱대회 금메달

2005년 아시아선수권대회 금메달

2006년 그린힐컵국제복싱대회 금메달(MVP)

2006년 대한민국체육상 경기상

2006년 스포츠조선코카콜라체육대상, 최우수선수상

2011년 대한민국체육훈장 백마장

*한순철

2006년 킹스컵국제복싱대회 동메달

2006년 도하아시안게임 은메달

2010년 광저우아시안게임 동메달

2012년 런던올림픽대회 은메달

*신종훈

2009년 세계선수권대회 동메달

2011년 세계선수권대회 은메달

2011년 아시아선수권대회 금메달

2012년 복스카이국제복싱대회 금메달

2014년 인천아시안게임 금메달

*함상명

2011년 세계주니어선수권대회 동메달

2014년 타이베이국제복싱대회 금메달(MVP)

2014년 인천아시안게임 금메달

2014년 대한복싱협회 최우수선수상

2014년 대한체육회 체육상

2015-2016시즌 AIBA Pro Boxer 세계 랭킹 3위

*박진아

2010년 세계여자선수권대회 출전

2010년 광저우아시안게임 출전

2010년 차이나오픈국제복싱대회 동메달

2013년 타이베이국제복싱대회 동메달

2014년 타이베이국제복싱대회 동메달

2014년 인천아시안게임 은메달(복싱 사상 여자 최초 메달)

*심희정

2008년 세계여자선수권대회 출전

2014년 세계여자선수권대회 동메달(복싱 사상 여자 최초 메달)

## 프로 복서

*김기수 : 대한민국 초대 챔피언 등극

36전 32승(17KO) 2무 2패

1958년 동경아시안게임 동메달

1960년 로마올림픽대회 출전

1965년 동양챔피언 등극

1966년 WBA 주니어미들급 챔피언

1967년 2차 방어 성공

*홍수환 : 대한민국 최초 2체급 챔피언

50전 41승(14KO) 4무 5패

1971년 한국챔피언 등극

1972년 동양챔피언 등극

1974년 WBA 밴텀급 챔피언

1977년 WBA 주니어페더급 챔피언(4전 5기 신화)

*장정구

42전 38승(17KO) 4패

1980년 MBC 신인왕전 우수선수상

1983년 WBC 세계챔피언 등극

1988년 WBC 타이틀 15차 방어

1988년 WBC 특별상 수상

2009년 국제복싱 명예의 전당 헌액

2014년 WBC 팬들이 선정한 위대한 복서 34인 선정

*박종팔

53전 46승(39KO) 1무 5패

1978년 한국챔피언 등극

1979년 동양챔피언 등극

1982년 동양타이틀 15차 방어

1984년 IBF 세계챔피언 등극

1987년 IBF 타이틀 8차 방어

1987년 WBA 세계챔피언 등극

*유명우

39전 38승(14KO) 1패

1984년 동양챔피언 등극

1985년 WBA 세계챔피언 등극

1988년 WBA 최우수선수 선정

1991년 WBA 타이틀 17차 방어

1991년 WBA 올해의 복서 선정

2013년 국제복싱 명예의 전당 헌액

*최요삼

37전 32승(19KO) 5패

1995년 한국챔피언 등극

1996년 동양챔피언 등극

1998년 동양타이틀 3차 방어

1999년 WBC 세계챔피언 등극

2002년 WBC 세계타이틀 3차 방어

2007년 WBO 인터콘티넨탈 챔피언 등극

2008년 체육훈장 백마장 수상

BOXING

# 4

## 투사로 변신

초등학교를 졸업하고 중학생이 된 브라보는 별 느낌이 없었다. 배정된 중학교가 다니던 초등학교 바로 옆이라서 그런지 중학생이 됐다기보다는 한 학년 올라가 교실을 옮긴 기분이었다. 그것도 교복을 벗고 집에 있을 때는 초등학교 때와 별다를 게 없었다. 그래서 오늘 같은 일요일은 전부터 해 오던 버릇대로 컴퓨터 앞에 앉아 오전을 보내고 있었다.

뜨르르 링링 뜨르르!

익숙한 음악 소리가 들렸다. 휴대전화를 꺼내 걸려온 전화번호를 보니 등록된 번호였다.

"응, 철호야."

"뭐하니?"

따분한 듯한 철호 목소리가 휴대전화에서 들렸다.

"게임하고 있어."

"일요일에 무슨 오락이야? 나와."

"왜?"

"우선 나와 봐."

"조금 있으면 점심때인데, 밥 먹고 나가야지."

"점심 내가 사 줄게."

"정말? 뭐 사 줄 건데?"

"그거야 골라 봐야지. 나오기나 하라니까."

"알았어!"

브라보는 갑자기 신이 나 외출 옷으로 갈아입기 시작했다.

요새 브라보는 철호와 부쩍 친해져 있었다. 전에는 왕따이다시피 하여 친구가 거의 없었으나, 지금은 아이들에게 인기가 많아져 친구가 여럿 생겼다. 그중에도 철호는 브라보하고만 놀려고 해서 더 친해졌다.

철호는 돈 씀씀이가 헤펐다. 아마 부모님이 용돈을 넉넉히 주시는 듯했다. 브라보가 철호에게 들은 이야기로는 철호 부모님은 맞벌이를 하셔서 집에 있는 시간이 별로 없다고 하였다. 그 때문에 집안 살림은 주로 가정부 아주머니가 하시니 철호는 집에 가면 가정부 아주머니하고만 시간을 보냈다. 그래서인지 철호의 성격은 거칠었고, 그 거친 성격을 만만해 보이는 브라보에게 다 풀었었다.

그런데 친해진 지금은 전에 자기가 저질렀던 잘못을 만회라도 하려는 듯 뭐든지 다 해주려고 하는 것이었다.

"뭐 먹고 싶니?"

고급스럽게 보이는 옷에 구두를 신고 나온 철호가 싱글거리며 물었다.

"음……."

브라보는 잠시 생각하고는 대답했다.

"자장면."

"에이, 촌스럽게 무슨 자장면이냐?"

"그래도 난……."

"면이 먹고 싶어서 그래? 그럼 스파게티 먹자."

"스파게티? 그거 얼만데?"

브라보는 스파게티를 사 먹어 본 적이 없어 물었다.

"한 12,000원 정도 할걸?"

"뭐? 그렇게 비싸? 자장면 세 배 값이네?"

"자식, 안 먹어 봤나 보구나? 그럼 먹으러 가야지!"

철호는 씩 웃으며 브라보 손을 덥석 잡았다. 이날 철호는 브라보를 오후 내내 끌고 다녔다. 점심 식사를 마친 후 아이스크림 매장에 들어가 아이스크림을 먹고, 택시를 타고 과천으로 가 놀이공원에 들어가고, 저녁때가 되자 또 고급 음식을 사 주는 것이었다.

"너 돈 너무 많이 쓰는 거 아니야?"

브라보는 철호 덕분에 잘 먹고 잘 놀아 좋긴 했지만, 너무 돈을 막 쓰니 걱정도 되었다.

"괜찮아."

철호는 아무것도 아니라는 얼굴로 또 어디론가 앞장서 갔다.

"너 도대체 용돈을 얼마나 받길래 그렇게 돈을 막 쓰니?"

"한 달에 50만 원 정도? 엄마 아빠가 주시는 걸 합치면 그 정도 돼."

"뭐?"

브라보는 입이 딱 벌어졌다. 자기는 매달 엄마가 주는 용돈 3만 원이 전부인데, 그건 철호가 쓰는 용돈의 이틀 치도 안 되었던 것이다.

"부럽다……."

"뭐가?"

"그렇게나 용돈을 많이 받으니 얼마나 좋냐?"

"난 또……. 난 네가 부럽다. 넌 집에 가면 항상 엄마가 계시잖아. 우리 엄만 아침밖에 못 봐. 그것도 주무시는 모습만."

"그러니?"

브라보는 엄마가 용돈을 많이 주고 매일 안 보이는 상상을 해 보았다.

'그럼 아침에 깨워 주는 사람이 없겠지? 밥도 내가 차려 먹어야 하고, 빨래도 내가 해야 하나? 아냐, 돈 많이 벌어 오는 엄마라면 그런 거 해 주는 사람을 둘 거야. 철호네처럼…….'

그래도 엄마가 항상 안 보인다면 왠지 슬플 것 같은 생각이 들었다.

"야, 우리 저거 볼래?"

철호는 영화관 앞을 지나가다 걸려 있는 포스터 사진을 가리켰다. 재미있어 보이는 영화 포스터였다.

"이 시간에? 집에 들어가야 하는데……."

"저녁도 먹었겠다 뭣하러 일찍 들어가려고 그래?"

"엄마가 걱정하실 거야."

"그럼 전화해. 친구 집에서 놀다 들어간다고."

"으응, 그게……."

브라보는 망설여졌다. 부모님이 걱정하실 생각 하면 집에 들어가야겠지만, 지금 눈에 보이는 영화 포스터가 마음을 붙잡아서였다.

"글쎄 뭐……."

브라보는 다시 영화 포스터를 올려다보았다. 탱크 포신 위에 팔을 올려놓고 있는 거친 모습의 군인이 모험 가득한 이야기를 들려줄 것 같이 보였다. 결국에 유혹을 이기지 못한 브라보는 휴대전화를 꺼내 엄마 전화번호를 눌렀다.

"야, 재밌다. 어떻게 움직이지도 못하는 탱크 한 대로 그 많은 독일군을 죽이냐? 진짜 그럴 수 있을까?"

"실화를 바탕으로 만든 영화라잖아."

"그러게."

두 아이가 영화를 보고 나오니 밖은 가로등으로만 거리가 밝혀져 있었다.

"너무 늦었어. 10시나 됐네."

브라보는 휴대전화를 꺼내 시간을 보고는 버스 정류장이 어디 있는지 두리번거렸다.

“빨리 가야겠다.”

왼쪽 도로 옆에 있는 버스 정류장을 발견한 브라보가 그리로 가려 하자 철호가 또 손을 잡았다.

“버스 타려고? 언제 버스를 기다려? 그냥 택시 타자.”

“아냐, 괜찮아. 요샌 버스 금방 와.”

“야, 그래도…… 조금만 더 걷자.”

브라보는 철호의 얼굴을 보았다. 우울한 표정이 드리워져 있었다.

“왜, 집에 가기 싫어?”

“집에 가면 뭐하냐? 가정부 아줌마만 있는데…….”

“엄마 아빤 언제 오시는데?”

“몰라, 일요일은 모임에 참석하시느라 더 늦어.”

“그러니?”

브라보는 철호의 아쉬워하는 얼굴에서 눈길이 떼어지지 않았다. 자기와 조금이라도 더 있고 싶어 하는데 야박하게 뿌리칠 수가 없었다.

“알았어. 그럼 조금만 걷자.”

두 아이는 서로의 손을 잡은 채 걷기 시작했다. 지나다니는 자동차를 구경하고, 상점들의 간판을 구경하고, 그렇게 마냥 걷다 보니 어둑한 골목길에 들어서게 되었다.

"여긴 좀 그렇다. 큰길로 나가자."

"응? 정말 그러네?"

한참을 들어가고서야 으슥한 분위기를 느껴 왔던 길로 돌아가려고 할 때였다.

"얘들아."

굵고 낮은 목소리에 두 아이는 골목 계단으로 고개를 돌렸다. 그곳에 앉아 있던 사람이 천천히 몸을 일으키고 있었다. 보통 키에 마른 몸집의 그 사람은 몇 달은 목욕을 안 한 것 같이 꾀죄죄해 보였다.

"너희 돈 가진 것 있니?"

그 사람은 느린 것 같았는데 어느새 앞에 와 있었다. 두 아이보다 훨씬 큰 키였다.

"있으면 좀 줄래? 아저씨가 배고파서 그래."

"……."

"……."

두 아이는 얼어붙은 듯 아무 소리도 못 하고 있었다.

"있어? 없어?"

게슴츠레한 그 사람의 눈에서 독사 같은 눈빛이 흘러나왔다.

"뒤져서 나오면 맞는다?"

"예, 예예!"

철호는 그 말을 듣자마자 당황하며 주머니에 손을 넣었다. 5만 원짜리와 만 원짜리, 천 원짜리가 뒤섞인 돈이 손에 잡혀 나왔다.

"오, 너 돈 많구나! 아줌마 돈도 있고?"

입이 쩍 벌어진 그 사람이 철호가 내민 돈을 집으려고 하자 브라보가 재빨리 막아섰다.

"뭐야? 너도 돈 주려고?"

브라보는 말없이 그 사람을 노려보았다.

"얘 좀 봐? 혼날래? 눈 똑바로 떠! 어린것이 어딜! 진짜 맞고 싶구나?"

그 사람은 표정이 험악해지며 오른손을 치켜들었다. 그래도 브라보가 노려보고 있자 치켜든 손을 빠르게 내려쳤다.

그러나 그 사람의 손은 크게 허공을 휘저었을 뿐이었다. 브라보가 살짝 고개를 숙였기 때문이었다.

"어쭈! 요것 봐라?"

이번에는 주먹을 쥐고 더 빨리 휘둘렀으나 역시 허공만 휘둘렸다.

"오호, 뭣 좀 했다 이거냐?"

그 사람은 미친 사람처럼 팔다리를 마구 휘두르며 덤벼들었다. 브라보는 살짝 앉거나 고개를 젖히고, 또는 손을 뻗어 그 사람의 공격을 모두 막아 냈다.

"요 다람쥐 같은 것이……."

얼마 동안 발광하듯 주먹과 발길질을 하던 그 사람은 더는 공격하지 못하고 숨만 헐떡이고 서 있었다.

"아저씨."

브라보는 그러고 있는 그 사람을 잠시 지켜보다 물었다.

"우리 가도 되지요?"

"……."

땀까지 흘리고 있는 그 사람은 인상만 잔뜩 찌푸리고 있을 뿐 말이 없었다.

"가자."

브라보가 철호의 손을 잡고 돌아서자 그제야 그 사람이 입을 열었다.

"얘."

브라보는 고개를 돌려 그 사람을 보았다.

"너는 그렇게 몸이 빠르면서 어째서 나한테 공격을 한 번도 안 하니?"

브라보는 그 사람을 물끄러미 보다 말했다.

"사람을 어떻게 때려요."

"뭐?"

그 사람은 입을 씰룩거리더니 돌아서서 쓰러질 듯 휘청거리며 걸어갔다. 그러더니 앉았던 골목 계단에 가서는 무너지듯 주저앉고 고개를 떨어뜨렸다.

"……."

그러고 있는 그 사람을 보는 브라보는 마음이 착잡했다. 저 아저씨는 어쩌다가 저렇게 궁색하게 되었을까? 하는 생각에 가엾이 느껴지기도 했다.

브라보는 잠시 그 사람을 바라보다 주머니를 뒤적였다. 앞주머니에서 5천 원짜리 돈이 한 장 잡혀 나왔다. 그 돈을 고개 숙이고 앉아 있는 그 사람 옆에 가만히 놓고는 뒤돌아섰다.

"왜 그 아저씨한테 돈을 줬냐?"

골목을 나오는데 철호가 의아한 듯 물었다.

"배가 고프다고 하시잖아. 거기다가 나 때문에 힘도 빼셨고, 자장면이라도 사 드시라고."

"야, 너!"

철호는 덥석 브라보의 손을 잡았다.

"이제 보니 인정도 있네?"

그러면서 활짝 웃으며 주머니에서 돈을 꺼내더니 5만 원짜리 돈을 브라보에게 내밀었다.

"뭐냐?"

"그 돈은 내가 줘야지 왜 네가 줘? 받아."

"아, 그래서……."

브라보는 싱긋이 웃고 내민 돈을 다시 밀었다.

"하지만 난 5천 원 줬는데 왜 5만 원을 주냐?"

"네 덕에 그 아저씨한테 돈을 안 뺏겼잖아. 보답이야."

"그래? 그렇다면 뭐……."

그제야 마지못한 듯 돈을 받아든 브라보는 웃음 담긴 얼굴로 물었다.

"너 그 아저씨가 아줌마 돈도 있다고 한 말이 무슨 뜻인지 알았어?"

철호는 눈을 끔벅거리고는 되물었다.

"응. 그랬지. 그게 뭔 소린데?"

"이 돈을 봐."

브라보는 철호가 준 5만 원 지폐의 그림을 가리켰다.

"신사임당 그림이 그려져 있잖아. 신사임당은 아들 이율곡을 훌륭한 학자로 키운 엄마잖아. 그러니까 아줌마란 말이지. 무슨 말인지 모르겠어?"

"응? 어!"

철호는 갑자기 깔깔댔다.

"그 아저씨 유머 있다! 하하하하!"

"그러게 하하하하……!"

두 아이는 웃음소리를 밤하늘에 날리며 자동차 불빛을 따라갔다.

월요일이다.

어제가 체육관이 쉬는 날이라 운동을 못 한 브라보는 몸이 근질근질해서 일찍 체육관에 갔다. 체육관에 너무 일찍 와서인지 관원들이 보이지 않았다.

"일찍 왔구나."

닥터김만이 사무실에서 내다보며 말을 걸었다.

"안녕하세요. 어제 쉬었더니 근질거려서요."

브라보는 얼른 고개를 숙였다.

"그랬니? 그럼 동네에서 조깅이라도 하지 그랬어?"

"친구하고 놀러 다니느라……."

브라보는 싱겁게 웃으며 머리를 만졌다.

"휴일 잘 보냈구나, 근데 뭐가 근질거린다고 그러냐?"

닥터김은 손짓을 했다.

"들어와라. 너무 이르니 좀 있다가 시작해."

브라보가 사무실에 들어가자 닥터김은 냉장고에서 음료수를 꺼내 내밀었다.

"조금 있으면 방학이지?"

닥터김은 브라보가 음료수를 받자 말을 걸었다.

"예, 한 달 있으면요."

"그럼 방학 때 생활체육 복싱 대회에 나가 보지 않을래?"

"제가요? 아직은……."

"너 정도 실력이면 할 만해. 경험으로 해 보는 것도 좋고."

브라보는 어젯밤에 골목에서 만난 아저씨의 일이 떠올랐다. 아직 한 번도 시합을 해 보지는 않았지만, 배운 대로 몸을 움직여 한 대도 맞지 않았었다. 그 일을 생각하니 은근히 자신감이 들었다.

"예, 관장님이 하라시면……."

“그래, 짐작하겠지만 시합은 연습과 다르다. 내가 공격 연습을 한 대로 상대도 공격 연습을 했으니까.”

“예…….”

“복싱 시합은 우선 맞지 않아야 해. 맞으면 지게 돼 있으니까. 요행이 여러 번 맞다가 한 대 잘 때려 KO로 이기더라도 그런 식 시합은 선수 생명이 짧아져. 나중에 후유증도 생기고.”

닥터김도 음료수를 한 모금 마시고 말을 이었다.

“대표적인 예로 주니어 플라이급 세계챔피언이었던 유명우 선수가 있다. 유명우 선수는 39번 싸워 38번 이기고 단 한 번, 그것도 적지인 일본에서 석연치 않은 판정으로 졌었지. 그만큼 맞지 않는 시합을 한 거지. 나도 유명우 선수 시합을 많이 봤지만, 시합을 마친 유명우 선수의 얼굴은 마치 샌드백 치는 연습을 마친 것처럼 땀만 흘렸을 뿐이지 항상 깨끗했단다. 반대 예로는 라이트 플라이급 세계 챔피언이었던 김성준 선수가 있단다. 김성준 선수는 48번 싸워 28번 이기고, 6번 비겼으며 14번 패한 전적을 가지고 있다. 이 선수의 시합 스타일을 보면 상대 선수의 공격을 피하기보다는 맞으면서 같이 때리는 식이었지. 그러나 그런 식의 시합 때문에 후유증이 생겨서 불행하게 살았단다.”

닥터김은 김성준 선수에 대한 이야기를 늘어놨다.

김성준 선수는 매우 불우한 환경에서 자란 사람이었다. 1953년 부산 대신동에서 5남매 중 둘째로 태어난 그는 2살 때 가족과 서울 홍제동 산동네로 이사 왔다.

원래 김성준의 집안은 부유하고 화목했으나, 아버지가 통조림 공장을 운영하다 망해 병에 걸려 죽고 말았다. 그렇게 되니 집에 돈을 벌어오는 사람이 없어 어머니가 길거리를 다니며 장사를 해 5남매를 키울 수밖에 없었다. 어머니가 벌어 오는 돈은 먹을 것을 사기도 부족해서 식구들은 굶기를 밥 먹듯이 해야 했다.

김성준은 그런 가난을 견디지 못하고 14살 때 집을 나가 떠돌아다녔다. 신문과 껌을 팔거나 구두닦이를 하며 하루하루를 겨우 먹고살며 남의 집 처마 밑에서 잠을 자며 살아갔다. 그러다 남대문의 소매치기 두목 '김봉호'라는 사람이 거두어 소매치기로 훈련시켰다.

김성준은 두목 김봉호 밑에서 소매치기로 살아가다 18살 때 한국챔피언 출신 김준호 씨가 운영하는 복싱 체육관에 찾아갔다. 그렇게 복싱을 시작한 김성준은 열악한 환경에서 자라 악착같은 정신으로 만나는 선수들을 쓰러뜨리기 시작했다. 그러다 한국챔피언 '문명안'을 이겨 한국챔피언이 됨으로써 이름을 알리기 시작했다.

그 후, 두 차례의 방어전을 치르면서 한국챔피언을 지켜 냈으나 마음 한구석으로는 항상 불안했다. 자기가 소매치기였다는 사실이 탄로 날까 봐 걱정되었던 것이다.

그러던 어느 날, 같이 소매치기를 했던 친구가 집으로 찾아왔다. 경찰에 쫓기고 있으니 숨겨 달라는 부탁을 하러 온 것이었다. 그 친구는 자기의 복싱 선수 생활을 도와준 친구라 부탁을 거절할 수가 없었다. 그래서 어쩔 수 없이 그 친구를 숨겨주었으나, 얼마 안 있어 발각되고 김성준의 소매치기 과거도 드러나 1976년 2월 8일 구속되어 한국챔피언 자격을 박탈당했다.

그러나 세계챔피언을 지냈던 홍수환 씨는 자기가 아끼는 후배가 구속된 걸 가만히 보고 있을 수가 없었다. 곧 김성준을 구속한 담당 검사를 찾아가 김성준은 한국 복싱을 빛낼 유망주이니 선처를 베풀어 달라고 호소하기 시작했다. 담당 검사 '김진세' 검사는 상습 절도범이라 안 된다고 거절했으나, 홍수환 씨의 끈질긴 호소에 마음을 열고 구속한 지 66일 만에 집행유예만 내리고 풀어 주었다.

그로부터 1년 후인 1977년 1월 22일, 김성준은 후원자가 된 김진세 검사가 지켜보는 가운데 열린 한국챔피언 '리틀박' 선수와의 시합에서 구속으로 박탈당했던 한국챔피언 벨트를 다시 찾아왔다. 그 후 두 차례 방어전을 갖고 1978년 1월 29일에 동양챔피언 '정상일' 선수까지 이겨 동양챔피언이 되었다.

그러고는 1978년 9월 30일 저녁 7시, 서울 중구 정동에 있는 문화체육관 링 안에서 김성준은 태국의 세계챔피언 '네트르노이 보라싱'과 마주 서게 되었다. 태국 국민이 자랑하는 복싱 영웅 보라싱은 왼손잡이 복서로 KO율 80%의 강한 선수였다.

그런 보라싱을 맞아 싸우는 김성준은 펀치를 맞을 때마다 망치로 얻어맞는 것 같았다. 너무 센 펀치에 2라운드부터 밀리기 시작하더니 3라운드에서는 코너에 몰려 빠져나오지 못했다. 그러나 3라운드가 끝나갈 무렵 사이드 스텝으로 빠져나와 맞받아치기 시작했다.

김성준이 자기 상대가 아니라고 여긴 보라싱은 마음 놓고 펀치를 휘두르다 김성준의 갑작스러운 반격으로 얼굴에 펀치를 맞았다. 곧이어 가슴 급소인 명치에 어퍼컷을 맞자 숨이 멎는 듯한 고통이 온몸을 흔들었다. 보라싱은 그대로 쓰러지고는 일어나지 못했다.

3라운드 2분 29초 만에 보라싱을 다운시키고 라이트급 플라이급 WBC 세계챔피언이 된 김성준은 아나운서가 내민 마이크에 눈물을 흘리며 말했다.

"저는 집안이 가난하여 불우하게 자랐습니다. 주제넘은 바람이지만 저 어릴 때와 같이 불우하게 사는 청소년들에게 작은 희망이라도 되고 싶습니다."

그 후, 김성준은 3차례 방어전을 치르고 은퇴를 했으나 피하지 않고 같이 공격하는 방식으로 48번이나 경기를 한 탓에 '펀치 드렁크'라는 병을 얻게 되었다. 머리에 너무 많은 펀치를 맞아 뇌세포가 손상되어 걸핏하면 화를 내는 등, 참을성이 없어지고 우울증을 앓게 된 것이다. 그렇게 되니 김성준을 돌보아 주던 사랑하는 여인마저 곁을 떠나고 말았다.

주위에 아무도 없게 된 김성준은 더욱 심해진 우울증을 견디다 못해 1989년 2월 3일 저녁 10시 40분 6층 옥상에서 뛰어내렸다. 36살의 젊은 나이에 목숨을 버린 것이었다.

"가엾은 사람이었군요."

김성준 선수 이야기를 다 들은 브라보는 눈시울이 뜨거워져 눈물이 나올 것 같았다.

"그렇지. 갖은 고생을 하며 자라 겨우 명예를 거머쥐었는데, 그 명예 때문에 얻은 병으로 요절을 했으니 얼마나 가여워."

닥터김은 남은 음료수를 다 마시고는 다시 입을 열었다.

"그런 김성준 같은 선수를 헝그리 복서라고 한단다. 너 헝그리 정신이란 말 들어봤니?"

"글쎄요? 어디서 들어본 것도 같고……."

"그 말의 뜻이 뭔지 알아?"

"……."

브라보는 눈만 멀뚱히 뜨고 있었다.

"헝그리란 배고프다는 영어 단어인데, 우리말로 풀이하면 배고플 때 정신이 된다. 즉 배가 고프면 먹기 위해 어떤 어려움도 참고 한다는 뜻이지. 다시 말해 배가 고프면 굶어 죽게 되니 살기 위해 무슨 일이든 한다는 뜻이야."

"아, 예……."

브라보는 그제야 고개가 끄덕여졌다. 그 하기 싫은 소매치기 생활을 벗어나기 위해 맞으면서도 악착같이 상대 선수를 공격했던 김성준 선수의 마음을 헤아릴 수 있을 것 같았다.

학교 수업을 마친 브라보가 교실을 나와 운동장을 걸어가고 있는데 같은 반 친구 상민이가 불렀다.

"브라보!"

브라보는 발을 멈추고 뒤돌아보았다.

"뭔 걸음이 그렇게 빠르니?"

상민이는 뱃살을 출렁이며 급한 걸음으로 다가왔다.

"왜?"

"뭣 좀 물어보려고."

"뭘?"

상민이는 브라보의 몸을 훑어보고는 물었다.

"너 요새 뭐하니?"

"뭔 소리야?"

"요 몇 달 사이에 네 몸이 달라졌잖아. 살이 많이 빠지고 키도 커진 것 같고."

"난 또……."

브라보는 피식, 웃고는 대답했다.

"체육관 다녀. 복싱 체육관."

"복싱? 그거 배우러 다녀서 이렇게 살이 빠진 거야?"

상민이는 다시 브라보의 몸을 훑어보았다.

상민이는 반에서 제일 뚱뚱한 아이다. 전에는 브라보가 제일 뚱보였으나, 복싱을 하여 다이어트에 성공하는 바람에 첫째가 돼버렸다. 그래서 두 아이는 전에부터 친한 편이었는데, 지금은 브라보가 너무 달라져 상민이는 거리감이 느껴졌다. 실제로 반 아이들은 날씬해진 브라보에게 말을 자주 걸며 친해지려고 하는데, 상민이에게는 전이나 지금이나 마찬가지로 거들떠보지도 않는 거였다.

"그래, 너도 복싱 한번 배워 볼래? 그럼 이런 살들은 금방 사라져."

브라보는 불룩 튀어나온 상민이의 배를 툭 건드렸다.

"정말? 근데 힘들지 않아?"

"처음에는 좀 힘들지. 발바닥에 물집 생기고 온몸에 근육통이 생기거든. 하지만 조금 지나면 괜찮아지고 무척 재밌어."

"얻어맞아 코피 나거나 눈이 붓는 건 아니고?"

"응?"

브라보는 눈을 깜박거리다 피식 웃었다.

"너 TV 중계하는 복싱 시합 보고 하는 말이지?"

상민이가 크게 고개를 끄덕였다.

"그건 선수가 시합할 때 일어나는 일이지. 일반 회원은 그럴

일 없어."

"그렇구나……."

상민이는 곰곰이 생각하더니 결심한 듯 말했다.

"알았어, 엄마한테 말해 볼게!"

"그럴래? 그럼……."

브라보가 다니는 복싱 체육관 위치를 말해 주려고 했으나 상민이는 벌써 저만큼 뛰어가고 있었다.

"녀석 급하기는……."

뒤뚱대며 뛰는 모습이 전에 자기를 보는 것 같아 브라보는 저절로 미소가 지어졌다.

"브라보야!"

반가운 목소리에 브라보는 얼른 뒤를 돌아보았다. 상큼한 모습의 바비가 다가오고 있었다.

"상민이는 왜 갑자기 뛰어가?"

"응, 엄마한테 허락받으러 간다고."

"무슨 허락?"

"있어. 그런 게……."

브라보는 왠지 바비에게 복싱 체육관 다니는 일을 말하기가 쑥스러워 얼버무렸다.

"근데 너 요새 많이 달라졌더라? 줄넘기라도 하니? 어쩜 이렇게 살이 빠질 수 있니?"

"줄넘기? 하긴 하지……."

흐뭇한 표정의 브라보는 먼 하늘을 바라보았다. 이젠 바비까지 알아주니 기분이 아주 좋았다. 아니 다른 사람은 다 몰라줘도 바비만 알아주면 큰 기쁨이었다. 그만큼 브라보는 바비를 특별하게 생각하는 친구다.

"으응. 줄넘기로 살을 뺐구나."

바비는 알겠다는 듯 가만히 고개를 끄덕였다.

"정말 열심히 했나 보네? 서너 달 만에 이렇게 많이 달라진 걸 보면……."

"어……."

먼 하늘을 보고 있는 브라보는 실없이 웃기만 했다.

"근데 너 한별이 소식 들었니?"

한별이라는 말에 갑자기 표정이 굳어져 바비에게 고개를 돌렸다.

"올해 열리는 생활체육 복싱 대회에 한별이가 선수로 출전 준비 중이래."

"그게 정말이야?"

눈까지 휘둥그레진 브라보가 바비를 보았다.

"그래, 며칠 전에 한별이가 그러더라. 그래서 걔 요새 체육관에서 맹훈련 중이래."

"그랬구나……."

브라보는 전에 본 영화의 한 장면이 불현듯 떠올랐다. 사각의 링 안에서 마주 선 두 복싱 선수. 한 사람은 세계 챔피언, 한 사람은 무명의 복서. 무명의 복서는 쓰러졌으나 일어나 챔피언에게 주먹을 휘두른다. 챔피언이 다시 쓰러뜨리자 무명의 복서는 또 일어난다. 챔피언의 얼굴이 흐려지더니 바뀌었다. 한별이었다. 무명의 복서 얼굴도 바뀌었다. 브라보였다.

브라보는 마음속으로 외쳤다.

'브라보 지면 안 돼! 스트레이트를 뻗어!'

"뭔 생각을 그렇게 하니?"

브라보가 땅만 보며 묵묵히 걷기만 하자 바비가 말을 걸었다.

"응? 어어!"

브라보는 그제야 고개를 들었다.

"너 무슨 고민 있니?"

"아냐, 고민은 무슨! 한별이가 시합을 하면 얼마나 멋있을까 상상해 봤어! 어, 벌써 다 왔네?"

갑자기 수다스럽게 말을 마친 브라보는 바비를 향해 오른손을 번쩍 들었다.

"잘 가!"

"……?"

바비는 급히 자기 집으로 들어가는 브라보의 뒷모습을 멍한 얼굴로 보고 있었다.

오늘도 어제처럼 일찍 체육관에 나간 브라보는 닥터김을 보자마자 허리를 90도로 굽혔다.

"안녕하세요, 관장님!"

닥터김은 그런 브라보를 어이없다는 듯이 보았다. 여느 때와는 다른 격한 인사였기 때문이었다.

"뭐냐? 조폭 영화라도 봤니?"

"예?"

브라보는 그제야 바비와 대화할 때부터 하던 상상에서 벗어나지 못한 것을 깨닫고는 멋쩍게 웃었다.

"아, 예……. 오늘부터 시합 훈련을 한다고 하셔서……."

"그래? 오호, 그러니까 정신 무장부터 하겠다 이거구나. 가상한 생각이다."

닥터김은 브라보의 등을 두드리고는 말을 이었다.

"그런 정신력은 반드시 필요하지. 아무리 실력이 좋아도 정신력이 없다면 싸워도 이기지 못하거든. 너 혹시 록키라는 영화 봤니?"

"록키요?"

브라보는 상상이 되살아났다. 몇 번씩이나 쓰러지면서도 다시 일어나는 자신의 모습이 겹쳐진 무명 복서의 모습이…….

"네. 인터넷에서 하이라이트만 봤어요."

"봤겠지. 수십 번이나 재방송한 영화인데 못 봤겠니. 그 영화의 록키 빌보아라는 무명 복서는 챔피언과의 시합에서 몇 번이나 다운되면서도 일어나 기어코 챔피언을 쓰러뜨리잖니. 복서라면 그런 불굴의 정신력이 있어야 한다. 넌 어려서 모르겠지만 어른이라면 누구나 아는 '4전 5기'라는 명언이 있단다. 밴텀급과 주니어 페더급 세계 챔피언을 지낸 홍수환 씨 때문에 생겨난 말이지."

닥터김은 홍수환 선수에 대해 이야기했다.

1974년 7월 3일, 남아프리카 공화국으로 날아가 '아널드 테일러'에게 판정승으로 밴텀급 세계챔피언 벨트를 뺏어온 홍수환 선수는, 1975년 3월 14일에 가진 방어전에서 '알폰소 사모라'에게 4회에 KO 패를 당하고 챔피언 자리를 내줬다. 뺏긴 챔피언 벨트를 다시 찾으려고 이듬해 가을인 1976년 10월 16일에 알폰소 사모라에게 도전하였으나 12회에 주심의 억지 판정에 실패하고 말았다.

그러자 홍수환 선수는 체중을 내려 주니어 페더급 세계 챔피언 '헥토르 카라스키야'에게 도전하였다. 카라스키야는 11전 11승 중 모든 경기를 KO로 이겼을 정도로 강펀치의 소유자였는데, 그 명성대로 도전한 홍수환 선수를 3회까지 4번이나 다운시켰다.

그래도 다시 일어난 홍수환 선수는 기어코 카라스키야를 다운시켜 심판이 카운트 텐을 외칠 때까지 일어나지 못하게 해서 KO로 이겼다.

"그래서 '4전 5기'라는 명언이 생겨난 거군요……."

홍수환 선수 이야기를 들은 브라보는 자기도 모르게 기운이 솟는 것 같았다.

"그렇지, 그래서 우리나라뿐 아니라 세계적으로 홍수환 선수를 대단한 챔피언으로 꼽는단다."

"그런 챔피언을 본받아 너도 시합에 나가려면 정신 무장을 단단히 해야 해."

"알겠습니다."

닥터김은 곧 브라보를 집중적으로 지도하기 시작했다. 우선 1라운드에 3분 운동하고 1분 쉬는 기준으로 줄넘기 5라운드, 가상의 상대를 생각하며 연습하는 섀도복싱 3라운드, 상대와 실전처럼 싸워보는 스파링 3라운드, 미트를 대 주고 치게 하는 미트 트레이닝 5라운드, 샌드백 치기 5라운드, 체력 훈련 순서로 계획을 짰다.

계획대로 브라보가 줄넘기와 섀도복싱을 마치자 닥터김은 머리를 보호하는 장비 '헤드기어'와 치아를 보호하는 장비 '마우스피스'와 글러브를 가져왔다.

"그럼 스파링을 해 볼까?"

닥터김은 글러브를 브라보의 손에 끼우고 마우스피스를 입에 물게 한 다음 헤드기어를 머리에 씌웠다.

그리고 자신은 글러브만 손에 끼운 채 링에 올라갔다.

"올라와라."

브라보는 시키는 대로 링에 쳐진 줄을 들어 올리고 올라갔다. 링 안으로 들어가 보니 밖에서 보는 것보다 넓어 보였다. 그리고 마치 맹수의 우리에 들어온 것처럼 긴장감이 감돌았다.

"자, 그럼 들어와 봐."

링 줄에 기대어 있던 닥터김은 브라보가 올라오자 가운데로 걸어 나왔다.

"네 마음대로 날 공격해."

"예?"

"지금까지 배우고 연습한 대로 날 때려 보라고."

"아, 예."

브라보는 가드를 올리고 닥터김에게 돌진하기 시작했다. 스트레이트를 뻗고, 레프트와 라이트 훅을 휘두르고, 어퍼컷을 올려쳤다. 그러나 마치 연기를 때리는 것처럼 닥터김의 몸에 한 대의 펀치도 맞출 수가 없었다.

"헉헉, 관장님! 섀도복싱 하는 것 같아요! 어쩜 그렇게 잘 피하세요?"

"무조건 정면으로 들어오니까 수가 다 읽혀서 그렇지! 사이드 스텝을 이용해 좌우로 흔들며 들어와 봐!"

닥터김은 성난 소처럼 식식대며 덤벼드는 브라보의 머리를 글러브 낀 손으로 툭툭 건드리며 주문했다.

"내가 들어가면 못 들어오게 잽으로 견제하고!"

## 복싱 상식

### 스파링

실전경기를 대비해 그동안 쌓은 기량을 점검하며 다양한 상대들과 연습경기를 치르는 것을 말한다.

스파링은 꼭 같은 체급이 아니더라도 가능하며 심판(주심)의 권한 아래 실시하는 것이 효과적이다.

또한 상대는 꼭 한 명이 아니라 다양한 스타일의 상대방들과 스파링을 하는 것이 경기에서 승리하기 위해서는 더욱 효과적이다.

브라보가 3라운드의 스파링을 마치고 링을 내려가자 닥터김이 수건으로 땀을 닦아 주며 말했다.

"너의 복싱 스타일은 인파이팅과 아웃복싱을 함께하는 것이 좋겠구나."

"예? 그게 뭔데요?"

"복싱 스타일을 살펴보면 크게 둘로 나누는데 인파이터와 아웃복서가 있단다. 인파이터는 키가 작은 선수가 주로 쓰는 스타일이고, 아웃복서는 키가 커서 팔 길이가 긴 선수가 주로 쓰는 스타일이지."

"그럼 전 어떤 스타일로 하는 게 좋을까요?"

"두 스타일의 장점만을 살려 봐라. 우선 가드를 올려 방어 자세를 취하고 상대방의 주먹을 뚫고 들어가 상대방과 가까이 붙은 다음 공격을 하거나 상대방과 멀리 떨어져 링을 돌면서 긴 팔로 상대방을 치고 빠지는 작전을 펼치는 게 좋을 것 같다."

"아, 그렇군요!"

브라보는 크게 고개를 끄덕였다.

## 복싱 상식

### 복싱 스타일에 따른 방어 기술

• 인파이터

자신의 체급에 비해 키가 작고 팔 길이가 짧으나 힘이 좋은 선수에게 유리한 스타일이다. 인파이터는 상대 선수의 품 안에 파고들어 접근전을 하는 선수들을 말하며, 주로 훅과 어퍼컷 공격 동작을 사용한다. 또한 상대에게 효과적으로 접근하기 위하여 더킹, 위빙, 롤링, 블로킹 등의 방어 동작이 필수적이다.

알려진 인파이터 선수로는 복싱의 전설이라고 하는 필리핀의 '파키아오', 핵주먹이라고 하는 미국의 '타이슨'이 있으며 우리나라 선수로는 작은 들소라고 불린 '유명우', 짱구라는 별명의 '장정구', 4전 5기의 신화를 만들어 낸 '홍수환', 한국의 돌주먹 '문성길' 등이 있다.

• 아웃복서

자신의 체급에 비해 키가 크고 팔 길이가 길며 몸동작이 빠른 선수에게 유리한 스타일이다. 아웃복서는 상대 선수 주위를 이리저리 돌면서 어느 정도 거리를 유지하며 경기를 하는 선수를 말한다. 주로 스텝을 이용한 잽과 스트레이트를 많이 사용하며 훅과 어퍼컷은 상황에 따라 사용한다. 이들에게는 패링, 스톱핑, 사이드 백스텝, 클린치 등의 방어 동작이 필수적이다.

알려진 아웃복서 선수로는 "나비처럼 날아서 벌처럼 쏴라"라는 유명한 말을 남긴 미국의 '무하마드 알리', 무패를 자랑하는 미국의 '메이웨더', 우리나라 선수로는 올림픽 2연속 메달을 획득한 '이승배' 등이 있다.

• 복서

인파이터와 아웃복서의 스타일을 합친 스타일이다. 복서는 체력이 강하고 몸동작이 빨라야 하며 경기를 유리하게 이끌기 위해 두뇌 플레이를 잘해야 한다. 따라서 복서는 머리가 좋아야 한다. 공격 동작과 방어 동작, 복싱의 모든 기술을 능수능란하게 사용할 줄 알아야 한다. 한 마디로 '만능 플레이어' 선수가 복서라고 할 수 있다.

알려진 복서 선수로는 우리나라의 올림픽 2연속 메달리스트인 '김정주'와 세계선수권대회 우승자 '이옥성' 등이 있다.

브라보는 학교 수업을 마치면 곧바로 체육관으로 가 3시간이 넘게 운동을 했다. 대회 준비 때문에 1시간 남짓하던 평소 운동량을 3배나 늘려 운동을 하는 것이었다. 그러다 보니 매일 지쳐서 집에 들어가게 되고, 누우면 바로 잠이 들었다.

"녀석, 되게 열심이네?"

부모님은 그런 브라보가 대견해 보였으나 너무 열심히 하니 저러다 쓰러지는 게 아닌가 걱정도 되었다.

BOXING
ASIAN BOXING COUNCIL

BOXING

# 5

# 화려한 데뷔

드디어 대회 날이 되었다.

브라보는 60kg 체급에 출전하여, 대회 담당 의사에게 시합에 지장이 없는지 알아보는 메디컬 체크를 하고 계체량도 통과하였다. 그러나 선수 대기실 의자에 앉아 있으니 마음이 불안하고 착잡했다. 이 시간까지 온 힘을 다하여 오긴 했지만, 내가 과연 1승이라도 할 수 있을까? 하는 생각이 자꾸 드는 것이 자신이 없었다.

그런 브라보의 마음을 읽은 듯 닥터김이 어깨를 두드리며 격려했다.

"긴장 풀어. 연습한 대로만 하면 잘할 수 있을 거다."

"관장님, 너무 떨려요……."

"처음이라서 그래. 하지만 넌 실력이 뛰어난 편이다. 상대 선수가 누구든 이길 거야."

"정말 그렇게 될까요?"

"그렇다니까. 자신감을 가져."

"그래도 전……."

"그러니?"

닥터김은 잠시 브라보를 지켜보다 가져온 가방에서 무얼 꺼냈다. 손바닥만 한 음악 기기였다. 그 음악 기기를 켜고 이 음악 저 음악을 들어 보며 고르더니 차분한 음악을 틀어 놓고는 음악 기기를 브라보 앞에 놓았다.

"자, 이 음악을 들으며 마음을 가라앉혀. 그리고 상대 선수와 어떻게 싸울 것인가, 머릿속으로 그려 봐라."

"예……."

브라보는 닥터김이 틀어 준 음악을 들으며 선수 대기실 천장을 올려다보았다. 그 눈은 네모난 등 안에서 흰빛을 뿌리고 있는 두 개의 형광 전구를 멍하니 보고 있었다.

형광 전구가 움직였다. 모습도 바뀌었다. 글러브를 낀 복싱

선수가 되었다. 두 선수는 서로 펀치를 휘둘렀다. 한 선수가 먼저 맞았다. 맞은 선수가 주춤하자 상대 선수가 또 펀치를 날렸다. 다시 맞은 선수는 상대 선수의 겨드랑이에 팔을 끼고 안았다. 상대 선수는 계속 펀치를 휘둘렀으나 때릴 수가 없었다.

"브라보!"

귀에 익은 목소리에 천장의 환상이 사라졌다.

"응? 바비……."

꽃다발을 들고 화사한 모습으로 앞에 서 있는 바비를 본 브라보는 갑자기 가슴이 뛰었다.

'바비가 어떻게 알고…….'

그러나 바비의 다음 말에 실망감으로 바뀌고 말았다.

"여기 웬일이니? 너도 한별이 응원하러 왔어?"

"한별이?"

그제야 한별이가 이 대회에 출전한다는 바비의 말이 떠오른 브라보는 벽에 붙어 있는 대진표를 보았다. 반대편 조인 A조에 한별이의 이름이 있었다.

"어, 뭐……."

시무룩해진 브라보는 바비의 눈길을 피하며 말끝을 흐렸다.

그때 남자아이 두 명이 선수 대기실에 들어섰다. 한별이와 친한 같은 반의 성수와 재범이었다.

"어, 브라보 아냐?"

"너도 한별이를……?"

두 남자아이는 의외라는 표정이었다. 그럴 것이 한별이와 브라보는 나누는 대화가 거의 없을 만큼 서먹한 사이라는 걸 잘 알기 때문이었다.

"아냐, 난……."

브라보는 들릴 듯 말 듯 대답하며 자기 손을 내려다보았다.

"출전하러 왔어……."

"뭐? 네가?"

"여기 복싱 시합에?"

세 아이는 그제야 브라보가 입고 있는 시합 유니폼과 손에 감은 붕대를 보았다.

"정말인가 보네?"

"그러게?"

"어머, 그럼 넌 여태까지……."

놀라는 바비와는 달리 성수와 재범이는 경멸함이 얼굴에 가득했다.

"재가 무슨……."

“시합하다 얻어맞고 우는 건 아닌지 몰라.”

두 아이의 비웃는 소리에 브라보는 울컥했으나 고개만 숙이고 있었다.

“아마 제일 먼저 기권하는 선수가 될걸?”

“그러겠지. 1분이라도 견디려나?”

두 아이는 브라보의 반응이 없자 더 노골적으로 비웃었다.

“얘들아, 그만해. 브라보도 친군데 그런 말을 하면 되니?”

바비가 나서자 더 말은 없었으나 얼굴에 이죽거리는 표정은 여전했다.

얼마 후, 시합 유니폼을 입은 한별이가 매니저와 함께 선수 대기실에 들어섰다.

“어, 너희 벌써 왔어?”

“야, 한별이!”

“자식, 폼 나네!”

두 아이는 한별이가 나타나자 호들갑스럽게 떠들며 한별이를 에워쌌다.

“건투를 빌어.”

바비도 가져온 꽃다발을 내밀며 방긋 웃었다.

“에이, 이런 건 우승할 때 받아야 어울리지.”

말은 그렇게 하면서도 싫지 않은 듯 입이 벌어져 꽃다발을 받은 한별이는 구석 의자에 앉아있는 브라보에게 눈길이 갔다.

"어? 쟤는……."

곧 브라보가 입고 있는 시합 유니폼과 손에 감은 붕대를 알아보고는 다가가며 물었다.

"너도 출전하니?"

"……."

브라보는 흘긋 한별이를 보았을 뿐 대답이 없다.

"정말이네?"

벽에 붙은 대진표를 본 한별이의 눈이 둥그레졌다.

"B조구나!"

그러자 곁에 온 두 아이가 빈정거리듯 말했다.

"그래 봤자 링에서 쟤 얼굴도 못 볼 거야."

"그러겠지. 예선에서 일찌감치 탈락할 거니까."

그때 선수 대기실 안쪽 문이 열리며 나가 있던 닥터김이 들어왔다.

"브라보, 10분 후에 출전이다. 일어나 몸 풀어!"

두 아이는 닥터김이 등장하자 이죽거리는 표정이 얼굴에서 사라지며 한별이 뒤로 물러났다.

어떻게 올라왔는지도 모르게 링 위에 올라온 브라보는 정신이 없었다. 맞은편에 서 있는 상대 선수마저 마치 종이에 그려진 그림처럼 느껴지는 것이 현실감을 상실한 듯했다. 키가 큰 대신 가느다란 체격의 그 선수는 피리 소리에 이끌려 항아리에서 나온 인도의 코브라 뱀처럼 보였다.

선수 소개가 끝나고 드디어 시작 종소리가 울렸다.

코브라는 잔뜩 웅크리고 있는 브라보에게 다가오더니 빠른 펀치를 날렸다. 순식간에 머리 양쪽과 옆구리를 맞은 브라보는 본능적으로 펀치를 뻗었으나 허공만 휘저었다. 어느 틈에 뒤로 빠져 펀치가 닿지 않아서였다.

맞았다고 생각한 브라보는 되갚으려고 들어갔지만 잽으로 콕콕 찌르는 바람에 다가갈 수가 없었다. 그러다 주춤하면 어느 틈에 다가와 펀치를 퍼붓고는 달아났다.

그렇게 끌려다니다 1라운드를 마치고 자기 코너로 돌아오자 닥터김은 휴대용 의자를 내밀어 브라보를 앉히고는 물었다.

"너 저 선수 펀치가 아프냐?"

"아뇨. 그리 아프지는 않은데 너무 빨라요."

"저 선수는 아웃복서야. 하지만 근육이 거의 없는 체격이라 펀치가 약할 거야. 그러니까 몇 대 맞을 각오하고 양 훅을 휘두르며 들어가. 그래야 사이드 스텝으로 빠져나가지 못하니까. 저런 체격은 맷집이 없으니까 그렇게 몇 대만 때리면 소식이 올 거다."

2라운드가 시작되었다.

상대 선수 코브라는 1라운드와 같이 빠르게 공격하고 빠지는 방식으로 브라보를 괴롭혔다. 그러나 브라보도 1분쯤 지나서는 닥터김이 일러 준 대로 맞든가 말든가 무조건 펀치를 휘두르며 들어갔다.

때려도 자꾸 들어오자 당황한 코브라는 왼쪽으로 빠지다 브라보가 휘두른 왼쪽 훅에 옆구리를 맞고야 말았다. 그러자 얼굴이 일그러지며 잠깐 허리를 굽히더니 백스텝을 밟기 시작했다. 브라보가 따라 들어가긴 했으나 어찌나 빠르던지 거리를 좁힐 수가 없었다.

그런 광경을 지켜보던 심판은 시합을 중지시키고는 코브라에게 주의를 시켰다. 그러자 코브라는 백스텝으로 도망가다가도 재빨리 다가와 건드리듯 한두 방 펀치를 맞히고는 다시 도망갔다. 브라보는 어쩔 수 없이 그 방식에 끌려다니다 2라운드 시합을 마치고야 말았다.

마지막 시합인 3라운드가 시작되었다.

코브라는 2라운드와 마찬가지로 백스텝으로 도망가다 재빨리 다가와 한두 번 건드리고 다시 도망가는 방식으로 일관했다. 그러나 브라보도 가드를 올리고 들어가다 코브라가 펀치를 날릴 목적으로 백스텝 밟는 발을 멈추려고 하면 곧바로 스트레이트를 뻗었다. 휴식 시간에 닥터김이 일러 준 전술이었다.

그렇게 하니 가볍게 코브라의 얼굴을 때릴 수 있었는데, 그러자 코브라는 다시 백스텝만 밟았다.

하지만 그 때문에 코브라는 또 주의를 받아 감점을 받았고, 덕분에 브라보가 판정으로 이기게 되었다.

힘이 세고 투지가 좋은 브라보는 빠르게 요령을 터득하면서 한 경기, 한 경기에서 이겨 나갔다. 그러자 어느새 응원하는 사람들이 생겨나 브라보에게 자신감을 심어 주었다.

그러나 한별이를 응원하러 온 성수와 재범이는 그런 브라보를 시기의 눈으로 보고 있었다.

"자식, 제법 하네?"

"하기는 뭘 해? 약한 상대만 만나서 그렇지 뭐."

"맞아, 잰 한별이를 만나면 한주먹거리도 안 될 거야."

A조의 한별이도 게임마다 이겨 나갔다. 오랫동안 복싱을 해서 기술이 좋은 편인 한별이는 화려한 테크닉으로 상대 선수를

요리하여 하나하나 물리쳤다. 그리하여 마침내 A조 토너먼트 경기의 1위가 된 한별이는 B조 1위 선수와 결승전을 치르게 되었다.

3, 4위 결정전이 끝난 후 링 위에 마주 선 두 사람, 한별이와 B조 1위 선수이다. 착해 보이는 얼굴에 반해 다부진 몸매의 B조 1위 선수는 브라보였다.

링 위에서 한별이를 보는 브라보의 마음은 복잡했다. 비록 지금은 싸워야 할 상대지만 사실 한별이는 오늘의 브라보를 있게 한 사람이었다. 어릴 때부터의 여자 친구 바비가 한별이를 좋아하지 않았다면 그토록 힘든 훈련을 견뎌 내지 못했을 것이니 고맙기까지 했다.

링 위에서 브라보를 바라보는 한별이의 마음은 그와는 사뭇 달랐다. 체육 시간마다 쩔쩔매던 그 둔한 모습이 안쓰러워 다른 친구들이 놀리는 걸 막아 주었었는데, 어느 사이에 변해 자기와 맞서겠다고 앞에 서 있으니 놀라웠다. 하지만 한편으로는 제까짓 게 변했다고 내 상대가 되랴, 하고 가소롭게 보기도 했다.

땡!

드디어 1라운드를 시작하는 종이 울렸다.

두 선수는 가드를 올리고 서로에게 다가갔다. 먼저 한별이의 잽이 나왔다. 그 공격에 브라보가 주춤하는 모습을 보이자 오른쪽과 왼쪽 훅이 빠르게 훑고 지나갔다. 옆구리와 머리를 스쳐 맞은 브라보는 가드를 바짝 올리고 들어갔지만 소득이 없었다. 스텝이 무척 빨라서 펀치를 뻗으면 이미 그 자리를 비켜난 후였다. 그렇다고 브라보가 주춤하면 곧바로 사방에서 한별이의 펀치가 쏟아졌다.

그렇게 1라운드를 마친 후, 휴식 시간에 닥터김은 심각한 얼굴로 브라보에게 말했다.

"틈이 보이지 않는구나. 공격 기술도 다양하고. 완벽한 복서 스타일이야."

"머리가 좋아야 한다는 복서 스타일이요? 그렇겠죠. 걘 공부도 잘하거든요."

브라보는 시무룩해져 자기 손에 끼워진 붉은 글러브를 내려다보았다.

"그렇다고 기죽을 필요는 없어. 대신 넌 펀치력이 좋잖아."

"그럼 뭐해요. 빨라서 맞출 수가 없는데……."

"그래도 계속 대시해 봐. 그러다 한 방만 맞히면 느려질 거야. 그때 기회를 잡는 거지. 그리고 무엇보다 넌 전에 놀림을 많이 받은 덕에 근성이 있어. 그 근성을 깨워라."

"무슨 말씀인지……?"

"네가 뚱뚱했을 때 놀리던 애들을 생각해 봐. 그때 쌓였던 분노를 깨우면 힘이 솟을 거다."

"아, 예……."

2라운드가 시작되었다.

2라운드에서는 닥터김이 일러 준 대로 계속해서 들어갔지만, 그렇다고 1라운드와 크게 달라진 건 없었다. 이리저리 피하며 작은 틈에도 때리고 빠지니 브라보는 계속 점수만 잃어 갈 뿐이었다.

"한별이 최고!"

"잘한다 한별이!"

그런 시합을 보고 있는 성수와 재범이는 소리를 있는 대로 질러 댔다.

'어쩌나…… 둘 다 다치지 않으면 좋겠는데…….'

바비만은 신이 난 두 아이와는 달리 마음이 착잡했다. 한별이를 좋아하지만 브라보는 어릴 때부터의 친구였다. 늘 곁에 붙어 다니며 사탕 한 개라도 나누어 주려 하던 마음씨를 잊을 수가 없었다.

"브라보도 참, 왜 하필 복싱을 배워서……."

2라운드 내내 두 선수의 경기 방식은 똑같았다. 브라보는 있는 힘을 다해 쉴 새 없이 밀고 들어갔고, 한별이는 재치 있게 막아 내다가 바늘구멍 같은 틈이라도 생기면 곧바로 예리한 펀치를 꽂았다.

그런 경기를 지켜보는 닥터김은 표정이 어두웠다. 욕심 같아서는 브라보가 우승했으면 하는 바람이 간절하지만, 경기의 흐름은 불가능해 보였다. 하긴 짧았던 훈련 기간을 생각하면 여기까지 온 것만으로도 큰 성과였다.

닥터김은 2라운드가 끝난 후의 휴식 시간에는 아무 말도 해 주지 않았다. 이마에 흐른 땀을 닦아 주고 등만 두드려 주었을 뿐이었다.

3라운드가 시작되었지만 2라운드와 같은 상황이 이어졌다. 이대로 경기가 끝난다면 한별이의 우승은 불을 보듯 뻔했다. 무조건 밀고 들어오는 브라보를 요리하고 있는 한별이는 자기가 이겼다는 걸 확신하고 있지만, 이대로 경기를 끝내기에는 자존심이 상했다. 그 미련해 보이던 왕따 출신과 판정까지 가기 싫었던 것이다.

한별이는 일부러 코너에 몰리는 척하면서 오른손을 움츠렸다. 들어오는 브라보의 턱을 노려 한 방에 다운시킬 생각이었다. 그러나 그건 큰 실수였다. 브라보의 왼쪽 훅이 비껴가는 순간 펀치를 내려 했으나, 뜻밖에 오른쪽 펀치가 직선으로 들어온 거였다. 맞았다고 느낀 순간, 곧이어 묵직한 스트레이트가 머리를 흔들었다. 의지와 상관없이 몸이 기울어지더니 링 바닥에 쓰러졌다. 관중의 함성이 멀리서 들렸다. 심판이 카운터 세는 소리에 일어서려고 애를 썼으나, 동력이 끊어진 기계처럼 몸이 말을 듣지 않았다.

"저런 저…… 한별아! 일어나!"

"한별아! 정신 차려!"

링 가까이에서 관람하던 성수와 재범이가 악을 쓰듯 소리쳤지만, 엎어져 있는 한별이는 반응이 없었다. 심판의 카운터가 끝나자 링 위로 뛰어 올라온 닥터김은 브라보를 안아 올리며 기쁨을 감추지 못했다.

쓰러진 한별이는 심판이 브라보의 손을 번쩍 들어 승리를 선언하고서야 겨우 몸을 일으켰다. 그 모습을 본 브라보는 곧바로 다가가 손을 내밀었지만, 한별이는 본 체도 않고 시무룩하게 링을 내려갔다.

중학교는 3년이라서 그런지 어물어물하다 보니 벌써 졸업반이 되었다. 브라보에게 초등학교 시절이 놀림을 받던 미운 오리 새끼 같았다면, 중학교 시절은 백조와 같았다. 중학교 1학년 때 출전한 생활체육 복싱 대회에서 우승을 거머쥔 일이 학교에 알려지면서 그 누구도 브라보를 얕보지 못했다. 1학년 때에는 선배인 3학년조차도 브라보를 함부로 대하지 않을 정도였다.

무엇보다 브라보를 기쁘게 하는 일은 바비가 자기를 대하는 태도였다. 초등학교 때에는 자기를 있는 둥 마는 둥 대하던 바비가 지금은 말씨도 상냥해져 친구 이상의 감정을 느끼게 해 주었다.

하지만 바비가 옆에 있을 때 한별이가 나타나면, 바비는 언제 날아갈지 모르는 새같이 느껴졌다. 바비는 한별이에게도 자기한테와 같이 상냥하게 대하기 때문이었다. 다행이라면 한별이가 초등학교 때와 같이 같은 반이 아니라는 사실이었다. 같은 중학교에 다니지만 브라보는 1반 한별이는 3반이었다. 그러나 바비도 같은 반이 아닌 2반이니 브라보와 한별이는 처지가 같았다.

'바비는 지금 뭘 할까?'

바비 생각에 혼자 미소를 짓고 있는데, 담임 선생님이 지휘봉으로 교탁을 두드렸다.

"주목!"

웅성거리던 아이들이 조용해지자 선생님의 지휘봉이 칠판을 가리켰다. 칠판에는 '나는 무엇을 제일 잘하나?'라는 글이 쓰여 있었다.

"오늘부터 여름방학이다. 하지만 이번 여름방학은 생각을 많이 해야 할 거다. 너희가 가야 할 길을 정해야 하니까. 너희가 병아리면 벌레를 잡으러 밭에 가야 할 것이고, 오리의 새끼면 물고기를 잡으러 냇가로 가야 하니까."

아이들이 웅성거리기 시작했다.

"선생님 말씀 안 끝났다!"

선생님이 교탁을 두드리자 다시 조용해졌다.

"이번 여름방학이 끝날 때쯤인 9월부터는 너희가 갈 고등학교 입학 원서를 써야 해. 마이스터고, 외국어고, 과학고, 조리고, 특성화고 중에서 적성에 맞는 학교를 정해야지."

그러자 뒷줄에 앉은 상철이가 장난스럽게 한마디 던졌다.

"에이, 쌤! 그깟 거 뭘 생각해요? 그냥 인문계 가면 되죠!"

선생님은 상철이를 가엾다는 듯이 바라보더니 한숨 쉬듯 말했다.

"그래. 넌 인문계 가라. 네 실력으론 갈 데 없으니까."

상철이는 공부와 담을 쌓은 아이라 내신 성적이 형편없어 하는 말이었다.

종업식을 마치고 교문을 나서는 브라보의 발걸음은 여느 때와 달리 무거웠다.

'나는 잘하는 게 뭘까?'

선생님이 칠판에 써 놓은 글이 자꾸만 머릿속을 맴돌았다.

브라보는 여태껏 앞날에 대해 생각해본 적이 없었다. 당장 닥친 일들만 생각하고 그날, 그날을 보냈을 뿐이었다. 그런데 대여섯 달 후에 고등학교에 가야 한다니, 중학생이 될 때와는 전혀 다른 느낌이 가슴을 짓눌렀다.

"휴……."

한숨이 저절로 나왔다. 자신이 없어서였다. 브라보는 내신 성적이 좋은 편이 아니었다. 중간 정도, 그 정도로는 경쟁률이 높은 마이스터고, 외국어고, 과학고, 조리고, 특성화고는 입학 원서를 낼 자격이 안 되었다. 상철이 말대로 인문계 고등학교를 갈 수밖에 없다.

인문계 고등학교에 가면 대학에 합격하기 위해 치열하게 공부해야 하고, 대학을 나온다 해도 또 취업을 하기 위해 발이 아프도록 뛰어다녀야 한다는 걸 외삼촌 경우를 보아 잘 알고 있었다. 집이 지방인 외삼촌은 대학을 다니기 위해 누나 집, 즉 브라보의 집에 4년이나 있었으며 졸업 후에도 취업이 안 돼 1년을 넘게 있다가 겨우 어느 제약 회사 영업 사원으로 들어가 독립해 나갔다.

그런 전철을 자기도 밟아야 한다고 생각하니 브라보는 목에 올가미가 걸린 것처럼 답답했다.

"브라보, 오늘은 어째 운동하는 게 그러냐?"

복싱 체육관에 온 브라보가 샌드백을 두드리고 있자 닥터김이 다가와 말을 걸었다.

"예, 관장님. 안 보이시던데 어디 다녀오셨어요?"

브라보는 샌드백 치던 손을 멈추고 꾸벅 인사를 했다.

"그래, 옛날 친구가 찾아와서 길 건너 찻집에 갔었다. 근데 뭔 일 있냐? 왜 그렇게 활력이 없어?"

닥터김이 보기에도 브라보가 시무룩하니 건성으로 샌드백을 치고 있어서 하는 말이었다.

"아뇨. 그냥 뭐……."

"뭔데 그래? 말 못 할 사정이라도 있냐?"

"그런 건 아니지만……."

"녀석, 그럼 말해 봐. 내가 명색이 네 스승인데 그런 말 들어줄 자격도 없냐? 그리고 그렇게 잡념을 가지고 운동을 하면 다치기 쉬워."

"예……."

브라보는 고개를 숙이며 두 팔을 축 늘어뜨렸다.

"녀석, 뭔 일 있는 거 맞네. 이리 와 봐."

닥터김은 사무실 쪽으로 가며 손짓을 했다.

"뭔 일인데 그렇게 풀이 죽어 있냐?"

브라보가 사무실에 따라 들어가자 닥터김은 음료수를 꺼내 내밀며 물었다.

"어려워 말고 얘기해 봐. 난 너의 스승이지만 인생 선배이기도 하니까 도움되는 말을 해 줄 수 있을 거야."

"알았습니다……."

브라보는 그제야 띄엄띄엄 말을 늘어놨다.

"으음, 그래서……."

이야기를 다 들은 닥터김은 그윽한 눈길로 브라보를 바라보다 조용히 입을 열었다.

"나도 너만 할 때가 있었으니까 이해가 간다. 근데 정말 네가 잘하는 걸 모르겠니?"

"예……."

"너 1학년 때 생활 복싱 대회에서 우승도 했잖아? 그 경력이면 체육고등학교는 들어갈 자격이 되는데?"

"그거야……."

"왜? 복싱은 직업이 될 수 없다 이거니?"

"……."

브라보는 고개를 숙인 채 대답이 없다.

"그렇지가 않아. 옛날에는 복싱 하면 챔피언이 되어야만 성공한 거였지만, 요새는 생활체육화 되어서 꼭 그런 목적보다는 몸 관리 목적으로 복싱을 배우는 사람들이 많단다. 너도 길을 다니며 보았겠지만, 복싱 체육관이 꽤 있지 않니?"

"……."

브라보는 눈만 끔벅였다. 그 말을 들으니 어디에 가던 복싱 체육관을 보거나 복싱 회원 모집 광고를 본 것 같았다.

"그런 것 같아요……."

"그만큼 복싱 인구가 늘어나서 그런 거야. 그럼 가르치는 사람도 늘어나야 하잖니."

"그러겠네요……."

"그러니까 복싱도 직업으로 삼을 수 있는 거야. 나처럼 체육관을 운영해도 되고."

"예……."

"하지만 네가 모르는 너의 장점도 있을 수 있으니까 꼭 복싱의 길로 가라는 건 아니다."

닥터김은 생각에 잠긴 표정의 브라보를 잠시 보다가 말을 이었다.

"그리고 사회에 활동하는 사람 중에는 학교 다닐 때 전공한 과목과는 전혀 다른 일을 하는 사람들도 많단다. 내 동창 중에도 체육을 전공했으면서 출판 일을 하는 친구가 있지. 그러니까 네가 지금 선택한 길이 반드시 너의 미래가 되지는 않는단다. 물론 우물은 한 우물을 파랬다고 이왕이면 한결같은 길로 가는 게 성공할 확률이 높지."

이날, 브라보는 운동을 하는 둥 마는 둥 마치고 집에 돌아갔다. 담임 선생님의 말, 닥터김의 말, 그리고 여러 생각이 머릿속을 휘저으니 운동이 제대로 될 리가 없었다. 그런 상태는 가족이 모여 저녁밥을 먹을 때도 계속되었다.

아빠가 일찍 퇴근해서 불고기 전골 반찬이 올라왔는데도 시무룩해져 밥을 씹고 있었다.

"너 어디 아프니?"

엄마는 그런 브라보를 유심히 보더니 입을 열었다.

"아뇨."

기운 없는 대답이었다.

"근데 왜 그렇게 풀이 죽어 있어?"

"……."

브라보는 엄마와 눈도 마주치지 않고 밥을 먹고 있었다.

"얘 좀 봐? 물었으면 대답을 해야지?"

"……."

"녀석, 고민 생긴 거 아냐?"

TV를 보던 아빠가 눈길을 브라보에게 옮겼다.

"너 여자 친구 바비 때문에 그러냐? 걘 어릴 땐 곧잘 놀러 오더니 요샌 통 안 오더라? 싸웠니?"

"아빠는 참……. 걔도 다 컸어요. 이젠 처녀 같은데 함부로 남자 친구 집에 오겠어요?"

"그러냐?"

퉁명스러운 브라보의 말에 아빠는 허허 웃고는 말을 이었다.

"그러고 보니 걔 본 지도 오래됐구나. 어릴 때부터 깜찍했으니까 지금은 더 많이 예뻐졌을 거야……."

아빠는 옛날 일을 떠올리는 듯 미소가 입가에 번졌으나, 브라보는 여전히 우거지상이었다.

“그럼 뭣 때문에 그래?”

그런 브라보를 주시하던 엄마가 다시 물었다.

“…….”

“얘가…….”

마침내 엄마의 눈꼬리가 올라갔다.

“뭔 일인지 알아야 뭐라도 해 줄 것 아냐?”

브라보는 반응이 없다가 얼른 기어들어 가는 목소리로 말했다.

“아셔도 해 주실 수 있는 게 없어요.”

“뭐?”

엄마는 아빠와 눈빛을 살짝 주고받더니 감정을 누그러뜨리고 다시 물었다.

“왜? 아빠 엄마가 능력이 없을 것 같아서?”

“그게 아니고요. 제가 해야 할 일이거든요.”

아빠 엄마의 표정이 갑자기 숙연해졌다. 처음 들어 보는 어른스러운 말이기 때문이었다.

얼마간 침묵이 흐른 후, 아빠가 입을 열었다.

"그래도 넌 우리 아들이잖아. 부모들은 누구라도 자식이 잘되기를 바란단다. 그러니 부모 입장에서는 자식이 불편해하면 무엇 때문에 그러는지 알고 싶은 게 당연한 거야."

아빠는 진지한 표정으로 말을 이어갔다.

"그리고 네가 해야 할 일이라는 말을 듣고 아빠는 우리 브라보가 다 컸구나 하고 뿌듯했단다. 하지만 아빠 엄마는 너보다 훨씬 오래 살아 세상 경험이 많아. 무슨 일인지는 모르겠지만 경험이 적은 네가 판단하는 것보다는 경험이 많은 아빠 엄마의 판단이 더 낫지 않겠니? 네가 즐기는 컴퓨터 오락에서도 장비가 적은 캐릭터보다 많은 캐릭터가 유리하잖니."

브라보는 의외라는 눈빛으로 아빠를 보았다. 아빠가 이렇게 자상하게 말을 해 준 건 처음이기 때문이었다.

"사실은요……."

그런 아빠의 설득에 마음이 열렸는지 브라보는 그제야 생각을 털어놨다.

"음, 그래서……."

브라보의 말을 다 들은 아빠는 가만히 고개를 고덕였다.

"그래……. 아빠 엄마가 도와줄 일이 아니긴 하구나……."

갑자기 시간이 멈춘 듯 브라보네 세 가족은 식탁에 앉은 채 움직임이 없었다. 그런 정적을 깬 사람은 엄마였다.

"여보, 우리 여행 가요."

"응? 당신 어디 가고 싶어?"

"브라보가 고등학생이 되면 가족 여행 갈 시간이 없잖아요. 지금이 때인 것 같아요. 아직 당신 직장 휴가를 쓰지 않았으니 이번에 내서 가요. 브라보에게 생각할 시간을 줄 겸이요."

"좋은 생각이구먼. 그러자고!"

아빠의 흔쾌한 승낙에 브라보네 가족은 당장 여행 계획을 짜기 시작했다. 여러 휴양지 중에 고르다가 제주도로 정하고는 며칠 후, 제주도행 비행기를 탔다.

"제주도는 언제 와 봐도 참 좋네요."

"그러게 말이야."

바다가 가까운 곳의 펜션을 숙소로 정한 아빠 엄마는 철썩이는 파도 소리를 들으며 머릿속에 든 세상일들을 내려놓고 있었다. 브라보도 바다를 보니 가슴이 트이긴 했지만, 마음 한구석에 들어앉은 정리 못한 생각은 비워지지 않았다.

"어머, 이것 봐요! 어쩜, 꽃이 참 크고 화려하네요!"

아빠와 마당을 거닐던 엄마는 낮게 쌓아 놓은 돌담 아래에 핀

꽃들을 보더니 그 앞에 앉았다.

“열대 지방 꽃 같구먼. 더운 곳이라 이런 꽃이 피나 보네.”

아빠도 꽃을 보고는 멈춰 섰지만, 뒤에 따라오던 브라보는 먼 바다만 바라보며 계속 걸었다.

‘응? 저건…….’

뒤뜰까지 간 브라보는 많이 보던 물건을 발견하고는 끌리듯이 다가갔다.

‘누가 복싱 연습을 하나?’

샌드백이었다. 삼각대를 세워 달아 놓은 샌드백은 수없이 두드린 듯 가운데 부분 색이 바래고 약간 헤어져 있었다.

‘이 집 주인 아저씬가?’

50대로 보이는 펜션 주인을 떠올렸다. 꼿꼿하고 늘씬한 체격이 얼굴만 50대지 몸은 20대로 보이는 사람이었다.

“브라보! 어디 있니?”

그때 엄마가 부르는 소리가 들렸다.

“여기 있어요!”

브라보가 뛰어 앞마당으로 나가자 엄마 아빠 앞에 펜션 주인이 서 있었다.

“밥 먹자. 바비큐 준비해 놨단다.”

브라보네 가족은 곧 펜션 주인이 안내하는 대로 테라스로 향했다.

지붕만 있고 사방이 트여 있는 테라스는 한쪽에 드럼통을 반 잘라 만든 그릴이 있고, 그릴에 올린 고기가 연기를 피워 내며 구워지고 있었다. 펜션 주인은 고기를 뒤적여 익은 것들만 골라 접시에 담아서는 브라보네 가족이 앉아 있는 식탁으로 날랐다.

"맛있다!"

"고기가 아주 연하구먼."

엄마 아빠의 고기 맛 칭찬에 펜션 주인이 미소를 지으며 한마디 거들었다.

"제주도 흑돼지거든요. 뭍에서 기른 돼지와는 맛이 다르죠."

"그러게요. 서울에도 제주도 흑돼지라는 간판을 걸어 놓고 장사하는 곳이 있지만 이 맛이 아니에요."

"맞아, 다르더구먼. 그럼 그런 데서 파는 흑돼지 고기는 가짠가? 아무래도 제주도에서 가져가면 운송비 등으로 비싸질 테니까 육지에서 흑돼지를 길러 팔 수도 있지 뭐."

"그건 모르겠네요. 흑돼지가 어떻게 유통되고 있는지 몰라서……."

"제주도 흑돼지와 같은 종이라면 육지에서 기른다고 달라질

건 없잖아요? 여기서는 똥으로 기른다고 하던데, 그래서 맛이 다른가?”

“아닙니다. 옛날에는 그렇게 길렀지만 지금은 대부분이 수세식 화장실을 써서 그런 식으로 기를 수가 없지요.”

어른들의 이야기를 들으며 묵묵히 밥을 먹던 브라보는 펜션 주인이 고기를 놓아주러 옆으로 오자 조심스럽게 말을 꺼냈다.

“저, 아저씨…….”

“응?”

펜션 주인은 접시에 고기를 담다 말고 브라보의 궁금해하는 얼굴을 보았다.

“뒤뜰에 샌드백이 있던데 아저씨가 쓰시는 건가요?”

“그래.”

“연세가 있으신데 그렇게 격한 운동을 하세요?”

펜션 주인은 희미한 미소를 지으며 되물었다.

“왜? 내 나이에 그런 운동하면 안 되니?”

“아뇨, 제 말은…….”

“그럴 만한 이유가 있어서 하는 거란다.”

펜션 주인은 알 수 없는 말만 남기고 집 안으로 들어갔다. 브라보 가족에게 고기를 구워 주는 일이 끝났기 때문이었다.

식사를 마치자 어둠이 내려앉고 있었다. 가로등이 없는 곳이라서 그런지 내리기 시작한 어둠은 얼마 안 있어 주위를 캄캄하게 했다.

"아빠하고 밤바다 산책할 건데 너도 따라갈래?"

가벼운 옷차림으로 갈아입은 엄마가 아직 테라스에 앉아 있는 브라보에게 다가와 물었다.

"……."

브라보는 바로 대답을 하지 않고 엄마 얼굴을 보았다. 16살 나이의 브라보이니 엄마가 아빠와 둘만의 데이트를 하고 싶어 한다는 마음을 읽을 수 있었다.

"아녜요. 두 분만 다녀오세요. 전 여기서 뭣 좀 생각할래요."

"그럴래?"

기쁨을 감추는 듯한 표정의 엄마가 아빠와 밖으로 나가자 브라보는 멍하니 하늘을 올려다보았다.

수없이 떠 있는 별들, 서울의 밤하늘보다 훨씬 많은 별이 떠 있다. 셀 수도 없을 만큼 많은 저 별들 중의 하나인 지구, 그곳에 살고 있는 70여억 명의 사람들, 그중에 하나인 브라보, 먼지 한 점 같은 존재라고 할 수 있겠다.

하지만 브라보에겐 무엇보다 소중한 자신이다. 저 별들과 비교해서는 먼지 한 점 같겠지만…….

펙펙!

펙펙펙!

귀에 익은 소리가 들리기 시작했다.

펙펙펙펙!

펙펙펙!

'주인아저씨가 운동하시나 보네?'

브라보는 일어나서 뒤뜰로 갔다.

처마 끝에 매달린 전구 하나가 겨우 자기 주위만 밝히고 있는 뒤뜰, 그 빛 아래서 격렬하게 움직이는 사람, 펜션 주인이었다.

"너 왔냐?"

펜션 주인은 브라보가 다가오는 기척을 느끼고 샌드백 치는 손을 멈췄다.

"샌드백 잘 치시네요. 정식으로 배우셨나 봐요?"

"그래 보이냐?"

"예, 혹시 출전한 적도 있나요?"

"그럼. 수없이 했지. 국가대표 선수였거든."

"예? 아저씨가요?"

"안 믿어지냐? 내가 왕년에는……."

펜션 주인은 젊었을 때의 일을 간단히 소개했다. 복싱 국가대표 선수였으나 은퇴 후 얼마 동안 지도자 생활을 하다가 그만두고 이곳 제주도로 와서 숙박 사업을 하고 있다는 내용이었다.

"그러셨군요……."

"그랬지……. 근데 너도 몸을 보니까 운동을 한 것 같은데, 뭔 운동을 했냐?"

"저도 복싱을 했어요."

"그래? 얼마나 했는데?"

"초등학교 6학년부터니까 3년쯤 되었네요. 제가 원래는 뚱보였었는데……."

브라보는 뚱뚱하고 둔해서 친구들에게 놀림을 받다가 복싱을 배우기 시작했다는 말을 했다.

"그랬구나……. 그럼 그동안 꽤 실력을 쌓았겠는데? 시합은 좀 해 봤니?"

"중1 때요. 생활 복싱 대회에서 우승한 적이 있어요."

"오호, 그랬어? 그럼 한 번 쳐 볼래? 실력 좀 보게."

펜션 주인은 놀라며 끼고 있는 글러브를 빼서 브라보에게 내밀었다. 글러브를 받아 손에 끼운 브라보는 샌드백을 두드리기 시작했다.

퍽퍽!

퍽퍽퍽!

처음 몇 번은 천천히 뻗던 펀치가 이내 속도가 점점 붙기 시작했다.

퍽퍽퍽퍽!

퍽퍽퍽퍽퍽퍽!

마음에 쌓인 답답함을 털어 내려는 듯 거칠게 샌드백을 흔들었다.

"잘하네! 펀치력도 좋고!"

브라보는 국가대표였다는 펜션 주인의 칭찬에도 기쁜 표정은 아니었다.

"걱정거리 있니?"

펜션 주인은 시무룩해져 글러브를 벗어 주는 브라보를 보며 물었다.

"예? 아뇨. 뭐……."

"뭔 일인지는 몰라도 나한테 얘기해 줄 수 없니? 너 혼자 고민하는 것보다 다른 사람 의견을 들어 보는 게 더 합리적인 판단을 내릴 수가 있거든."

"예……."

브라보는 펜션 주인의 얼굴을 보았다. 붉은 전등에 비친 얼굴이라 붉게 보여서인지 한없이 따뜻하게 보였다.

"실은 제 고등학교 진학 때문에……."

"진학? 오, 그래. 중학교 3학년이면 곧 진학할 고등학교를 정해야겠구나."

"근데 전 복싱이 정말 좋거든요. 복싱 때문에 왕따에서 벗어날 수 있었고, 진정한 삶을 찾았으니까요. 근데 고등학교에 가면 아무래도 체육관 다닐 시간이……."

"그래? 그럼 체육고등학교를 가면 되잖아. 생활 복싱 대회에서 우승했다면 자격은 될 텐데?"

"저희 관장님도 그런 말씀을 하셨지만……."

"왜? 그 길로 가면 직업이 안 될까 봐?"

"……."

브라보는 한 손으로 샌드백을 잡은 채 힘없이 밤하늘을 바라보고 있다.

"물론 체육이라는 게 보편적인 일이 아니라서 특별히 뛰어나야 직업으로 연결될 수가 있는 게 사실이긴 해. 하지만 너 정도면 충분히 뛰어난 것 같구나. 오늘 처음 봤지만 샌드백 치는 걸 보니 보통 실력이 아니야. 신체 조건도 상당히 좋고, 그 정도면 충분히 국가대표가 될 수 있을 거다. 올림픽 금메달도 딸 수 있을 거고."

"정말 그럴 수 있을까요?"

브라보는 밤하늘에 두었던 눈길을 내려 펜션 주인을 보았다. 그런 브라보의 눈동자에 별빛을 닮은 빛이 담겨 있다.

"그럼, 말했잖니. 내가 전에 복싱 지도자를 했었다고, 한눈에 알아볼 수가 있지."

"고마워요. 아저씨……. 실은 저도 복싱 국가대표가 되는 게 꿈이에요. 하지만 제가 그 많은 경쟁 선수들을 물리치고 정상까지 갈 수 있을지 자신이 없었어요. 근데 오늘 아저씨가 자신감을 심어 주셨어요. 정말 고맙습니다!"

브라보는 차렷 자세로 허리를 깊숙이 숙였다.

"그래, 자신감은 힘의 원동력이지. 자신감이 있다면 어떤 일이든 해낼 수 있으니까. 넌 할 수 있어!"

펜션 주인은 브라보의 어깨를 꽉 움켜쥐고 흔들었다.

제주도 공항 대합실이다.

브라보의 가족은 4박 5일의 휴가를 마치고 서울로 가는 비행기를 기다리며 대합실 의자에 앉아 있었다.

"엄마."

무릎에 팔을 얹고 무얼 골똘히 생각하던 브라보가 옆을 돌아보았다.

"왜?"

옆 의자에 앉은 엄마가 브라보를 마주 보았다.

"저 체육고등학교 갈래요."

"……!"

엄마는 놀란 듯 눈을 동그랗게 뜨고 입만 벌리고 있다.

"왜 그런 생각을 했니? 이유나 들어 보자꾸나."

건너편 의자에 앉은 아빠가 물었다.

"그동안 걱정하실까 봐 말씀은 안 드렸었는데…… 저 초등학생 때부터 애들에게 놀림을 많이 받았어요. 뚱뚱하고 운동을 못한다고요. 왕따였어요. 그러다가 복싱을 시작하고부터 살이 빠지고 키도 커지고…… 대회에서 우승도 하니 인기가 생겨 친구가 많아졌어요. 그래서 저는 복싱이 좋아요. 복싱 연습을 할 때는 즐겁고 의욕이 넘쳐요. 그러나 일반 고등학교에 가면 공부 때문에 할 수가 없잖아요……. 전 정말 복싱을 계속하고 싶어요. 그리고 솔직히 자신은 없지만 복싱 국가대표가 되는 게 제 꿈이기도 하고요."

말이 끝나자 엄마는 브라보의 머리를 가슴에 안았다.

"우리 아들, 혼자서 많이 힘들었겠구나. 그런데 엄마는 아무 것도 모르고……."

그러고는 눈물을 주르르 흘렸다.

"……."

아빠는 그런 엄마와 아들의 모습을 바로 보지 못하고 허공에 눈길을 두고 있었다.

얼마간의 시간이 흘렀다.

엄마는 아들의 손을 꼭 쥐고 있었고, 브라보는 자기 발만 내려다보고 있었다.

"브라보야, 하나만 약속을 할 수 있겠니?"

아빠가 허공에 눈길을 둔 채 입을 열었다.

"네?"

브라보는 고개를 들어 아빠를 보았다.

"네가 그 길을 가겠다면 말리지는 않겠다. 그러나 힘들다고 중간에 포기하면 안 된다. 그럴 수 있겠니?"

"……!"

아빠를 바라보는 브라보의 눈이 빛났다. 브라보의 걱정은 아빠의 반대였는데, 뜻밖에 흔쾌히 허락해 주시니 너무 기쁜 것이었다.

"왜 말이 없니? 자신 없어?"

"아녜요. 아빠! 꼭 약속 지키겠습니다! 최선을 다할게요!"

브라보가 벌떡 일어서자 어리둥절해 하던 엄마가 곧 아빠를 보며 미소를 지었다.

"고마워요. 여보……. 근데 어떻게……?"

엄마의 말은 어떻게 그리 쉽게 결정을 했냐는 뜻이었다.

"어, 실은……."

아빠는 엄마만 들을 수 있게 말했다.

휴가를 오기 전날, 회사에서 근무를 하던 아빠에게 전화 한 통이 왔다. 브라보가 운동하는 복싱 체육관 관장 닥터김이 건 전화였다. 닥터김은 브라보가 입학할 고등학교 진로 때문에 무척 고민하고 있다며, 브라보는 또래보다 실력이 뛰어나니 체육 고등학교에 보내 선수로 키우는 게 어떻겠냐는 제의를 한 것이었다.

그 제의를 들은 아빠는 어떻게 해야 아들의 미래에 도움이 될지, 휴가 기간 내내 생각하다가 오늘 브라보의 간절한 태도를 보고는 결정을 했다는 것이었다.

"그랬어요? 어쩜 나한테는 한마디 말도 안 해 주고……."

엄마는 아빠를 가볍게 흘겨보았다.

"미안해. 당신이 속만 끓일 것 같아서……. 브라보가 살아갈 인생이니 스스로 선택하기를 기다려야 할 것도 같고……."

엄마는 더는 말을 않고 아빠 가슴에 기댔다.

BOXING

# 6

# 또다시 태어나고

개학을 하자 3학년 학생들은 자기가 갈 고등학교를 정해 원서를 제출했다. 브라보도 결정한 대로 명문인 K체육고등학교에 원서를 접수했다. 생활체육 복싱 대회에서 우승한 경력이 있는 브라보는 당연히 서류 심사를 통과했고, 체력 심사는 늘 해오던 운동이니 쉽게 통과해 당당하게 K체육고등학교 학생 자격을 부여받았다.

몇 달이 지나고 찬바람이 부는 날, 브라보는 중학교 졸업식을 가게 되었다.

이날은 그동안 정들었던 친구들과 헤어지는 날이기도 했다.

늘 옆에 있던 바비도 미술고등학교를 지망하여 이제는 자주 볼 수 없게 되었다. 한별이는 내신 성적이 우수해 어떤 고등학교도 갈 수 있었으나, 오랫동안 하던 복싱을 버릴 수가 없어 S체육고등학교에 입학하여 브라보와 같은 길을 갔다.

K체육고등학교에 다니게 된 브라보가 학교에서 받는 훈련은 체육관에서 받았던 훈련과 달랐다. 아주 과학적이고 체계적이며 강도가 높았다. 그런 훈련을 이겨 내느라 온 정신을 쏟다 보니 어느새 1년이 지나가고 있었다.

하늘에서 눈이 내리는 날이었다. 성탄절이 다가오니 거리에서 캐럴이 흘러나오고 있었다.

방학이라 한가해진 브라보는 하릴없이 거리를 거닐었다. 지나가는 사람들은 보기도 하고, 상점에 진열된 물건들을 구경하기도 하다가 마주 오는 여학생을 보고는 걸음을 멈추었다.

"어, 바비……."

"응? 브라보 아냐?"

두 사람은 누가 먼저랄 것도 없이 반가워했고 찻집에 들어가 마주 앉았다.

"미술 공부 재밌어?"

"그냥 그래. 너는? 체육고등학교는 훈련이 어렵다던데 힘들지 않아?"

"힘들기는…… 각오하고 간 건데 뭐……."

"참, 너 얼마 전에 청소년 복싱 대회에서 우승했다는 기사 났더라? 축하해."

"고마워……."

브라보는 1년 만에 만난 바비와 이야기를 나누다 보니 바쁜 고등학교 생활 동안 잊고 있었던 감정이 살아나기 시작했다. 이런저런 이야기를 더 나누다 마침내 여태까지 가슴에 담아만 두었던 말을 꺼내기로 마음먹고 어눌하게 입을 열었다.

"저…… 바비야……."

"응?"

"있잖아……."

"뭔데 그래?"

"실은 나…… 오래전부터 너를 좋아해 왔어……."

"……."

바비는 브라보를 말끄러미 바라보고만 있다.

어릴 때부터 늘 곁에 있던 남자 친구, 그래서 바비는 브라보를 남자 친구라기보다는 형제같이 느꼈었다. 바비가 남자 친구로 받아들인 사람은 한별이었다. 초등학교 때부터 지금까지 쭉 그랬다. 그런데 어느 순간부터 브라보가 멋있게 변해 바비의 마음을 흔들기 시작했다.

오랜만에 만난 지금, 브라보는 더욱 남자답게 변해 있었는데 그런 브라보가 자기를 좋아했었다니…… 여자의 직감으로 충분히 짐작한 일이었지만 직접 고백을 들으니 마음이 더욱 흔들리기 시작했다.

"그랬니…… 고마워."

바비는 앞에 놓인 찻잔을 두 손으로 감쌌다.

"근데 있지…… 우린 아직 학생이잖아. 그런 감정은 어른이 될 때까지 묻어 두는 게…… 공부에 방해가 되니까."

"그럼?"

"우린 어릴 때부터 함께 놀던 소꿉친구였잖아. 그러니 앞으로도 그렇게 지냈으면 좋겠어."

바비는 무겁게 앉아 있는 브라보에게 손을 내밀었다.

"브라보 선수, 힘내! 그래야 시합을 이기지!"

갑자기 표정이 밝아진 브라보는 활짝 웃으며 바비의 내민 손을 잡았다.

찻집을 나선 두 사람은 내리는 눈을 맞으며 바쁠 것 없다는 듯이 걷기 시작했다.

겨울 방학이 끝나고 2학년이 되자 브라보는 다시 혹독한 훈련으로 이어지는 일상으로 돌아갔다. 하지만 아빠와의 약속을 지키려고 참고 견딘 1학년 때와는 다르게 2학년 학교생활은 즐겁기만 했다. 그건 일주일에 한 번 주고받는 바비와의 문자 덕분이었다.

또 한 주가 시작됐네.
어제는 뭐 하며 보냈어?

엄마랑 백화점 가서 쇼핑했어. 너는?

응, 난 컴퓨터에 들어가 놀았지~

오락으로 보냈구나? 그러지 말고 책을 읽어.
책을 읽어야 상식이 많아져 삶에 도움이
되는 거야. 대화도 잘하게 되고.

알았어. 앞으로는 틈나는 대로 책을 읽을게.

그래, 그럼 한 주일 잘 보내.

너도 잘 보내.

*^^*

이렇게 일주일에 한 번 문자만 주고받기로 바비와 약속했는데, 브라보는 이 문자를 지우지 않고 일주일 내내 보고 또 보다가 다음 주가 되면 또 새로 주고받은 문자를 보며 학교생활을 했던 것이다.

그래서인지 브라보의 실력은 눈에 띄게 좋아져 시합을 하면 절대 지지 않았다. 그리고 그런 좋은 성적의 결과로 국가대표 상비군에 선발되었다.

여름방학이 되자 한가해진 브라보는 처음 복싱에 발을 들여놓았던 '(주)닥터김 복싱 피트니스'를 방문하였다.

"오! 브라보 아니냐?"

닥터김은 브라보를 보자 반갑게 맞이했다.

"안녕하세요."

브라보는 허리를 깊숙이 숙였다.

"오랜만이구나! 1년 반쯤 됐지?"

"예……."

"요즘 학교생활은 어떠니? 체육고등학교 훈련이 보통은 아닐 텐데……."

"견딜 만해요. 열심히 해야죠. 그리고 저 이번에 국가대표 상비군에 선발됐어요."

"벌써? 역시 넌 출중하구나! 축하한다!"

"관장님 덕분이에요. 절 체육고등학교로 이끌어 주셔서 이루어진 일입니다. 정말 감사합니다."

브라보는 다시 한 번 허리를 깊숙이 숙였다.

“그래. 내 제자야…….”

정을 가득 담은 표정이 된 닥터김은 가만히 브라보의 어깨를 어루만졌다.

“회원이 늘었네요.”

브라보는 체육관을 둘러보았다. 공간이 별로 없을 정도로 많은 회원이 운동을 하고 있었다.

“요새 복싱이 매스컴을 통해 생활체육으로 알려지면서 사람들이 꽤 오더구나.”

“저도 복싱에 몸담고 있는 사람으로서 반가운 일이네요.”

브라보는 오랜만에 만난 닥터김과 그동안의 학교생활과 복싱 선수로서의 미래, 그리고 체력 훈련에 대해서 많은 이야기를 나누었다.

스승인 닥터김과 이야기하고 있자니 초등학교 6학년 때 체육관을 찾아 복싱을 배우기 시작하며 처음 겪어 보는 힘든 운동에 근육통이 생겨 걷지도 못할 정도로 고통스러웠던 기억이 떠올라 감회에 젖게 했다.

여름방학이 끝나고 다시 학교생활을 시작한 브라보는 훈련과

대회 참가, 그리고 학생의 본분인 공부를 병행하다 보니 어느 사이에 2학기가 지나가고 3학년이 되었다.

고3 수험생, 대한민국 고등학생이라면 누구나 지나가야 하는 관문이다. 브라보도 예외가 될 수는 없었다. 브라보가 목표로 한 대학은 체육 명문인 용인대학교이다. 실력만이 아니라 어느 정도 수시 성적이 있어야 하는데, 고된 훈련을 받으며 공부를 하자니 보통 힘든 일이 아니었다. 그래도 브라보는 등굣길에서나 훈련 중 쉬는 시간에도 교과서를 보는 등 온 힘을 다하여 노력했다.

그렇게 3학년의 시간을 거의 다 보내고, 마침내 실기 시험을 치르러 용인대학교로 향했다.

'여기가 복싱장이구나…….'

품격이 있어 보이는 용인대학교 복싱장을 둘러보는 브라보는 가슴이 가득 차오르는 느낌이 들었다. 최고의 체육 명문인 용인대학교 격기지도학과 시험을 본다는 것만으로도 자랑스럽게 생각되었던 것이다.

드디어 실기 시험이 시작되어 입시 진행자의 호출에 수험생들이 하나씩 불려 나갔다.

"6번 수험생 복싱장 안으로 입장하세요!"

6번까지 불려 나가자 브라보는 가슴이 뛰기 시작했다.

'다음이 내 차례군…… 집중해서 잘해야지.'

"다음 7번 수험생 복싱장 안으로 입장하세요!"

자기 번호가 불리자 벌떡 일어선 브라보는 씩씩하게 걸어가 감독관들 앞에 섰다. 그러자 곧 감독관들이 여러 동작을 주문하기 시작했고, 브라보는 로봇이 움직이듯 정확하고 빠르게 몸을 움직였다.

'후……, 좀 더 완벽하게 할 수 있었는데…….'

시험을 마치고 돌아가는 브라보의 마음에는 아쉬움이 가득 남았다. 시험을 볼 때 최선을 다하기는 했지만, 돌아가며 생각하니 뭔가 부족한 것 같이 느껴졌다.

며칠이 지났다. 컴퓨터 앞에 앉은 브라보는 크게 심호흡을 하고는 전원 버튼을 눌렀다. 합격자 발표 날이라 몹시 떨렸던 것이다.

인터넷을 열고 용인대학교 홈페이지에 들어갔다. 여러 코너들을 살펴보다 합격자 명단 코너를 발견하고 열었다.

"김명인, 조상래, 민현성……."

합격자 이름을 조심스럽게 읽어가던 브라보가 갑자기 소리를 질렀다.

"야호!"

그러고는 거실로 뛰어나가 껑충껑충 뛰었다.

"얘가 뭐하는 거야? 다 큰 놈이……."

설거지를 하던 엄마는 그런 브라보의 모습을 어이없다는 듯이 바라보았다.

"엄마, 나 합격했어! 용인대학교 학생 됐다고!"

브라보는 고무장갑을 낀 엄마 손을 잡고 마구 흔들었다.

"정말이니? 우와, 우리 아들!"

엄마도 얼굴 가득히 웃음을 담으며 기쁨을 감추지 못했다.

졸업식 날, 학교 운동장에는 꽃다발을 든 학생과 학부형들이 곳곳에서 사진을 찍고 있다.

브라보도 엄마 아빠와 몇 장의 사진을 찍고는 혼자 훈련장에 들어갔다. 그곳엔 아무도 없었다. 각종 운동기구만 제자리에 그대로 있었다. 시커먼 샌드백들도 천장에 매달린 채 움직이지 않았다.

눈을 감았다. 지난 3년간 열심히 오가며 정이 쌓인 이곳, 수많은 일이 주마등처럼 머릿속을 스쳤다.

처음 입학해서 선배들을 만나 알아 가던 신입생 시절, 대회가 끝나면 모두 모여 삼겹살을 구워 먹던 기억, 친구들과 훈련하던 자신의 모습, 많은 추억이 어제 일 같이 느껴졌다. 그 추억들을 잡으려는 듯 브라보는 오랫동안 눈을 뜨지 않았다.

BOXING

# 7

# 새로 뜬 별

BOXING

용인대학교 격기지도학과 복싱부 학생이 된 브라보는 대학 생활을 시작하면서 만나는 사람들과 얼굴을 익히기 시작했고 새 친구들도 생겼다. 다녔던 K체육고등학교가 명문이라 K체육고등학교 출신 선배가 꽤 되었는데, 그런 선배들은 고등학교 때부터 안면이 있어서 사귀고 말고 할 것도 없이 바로 친하게 지냈다.

브라보는 대학교에 입학하자마자 함께 입학한 10여 명의 동기들과 함께 훈련을 받기 시작했다. 한국에서 개최하는 아시안게임이 얼마 남지 않아서 국가대표 선발전에 출전하려면 서둘러 준비해야 했다. 그런 만큼 고등학교 때와는 비교도 안 될 만큼 높은 강도의 훈련이어서 주말쯤 되면 파김치가 될 정도로 지쳤다.

드디어 국가대표 선발전 날이 되었다. 경기장에는 전국에서 내로라라하는 선수들이 모여들었다. 용인대학교 복싱부에서도 20명이 출전하였다. 그중에는 브라보도 포함되어 있었다.

처음 치른 64강전 시합에서는 강한 선수를 만나 간신히 판정으로 이겼으나 계속 이어진 32강, 16강, 8강, 준결승까지 브라보는 신입생답지 않게 힘 있고 노련한 경기 운영을 하여 파죽지세로 올라갔다.

그러나 결승전은 달랐다. 결승전에서는 초반에 상대 선수에게 머리를 받혀서 눈 위쪽이 찢어졌다. 흐르는 피 때문에 잘 보이지 않으니 원활한 경기를 할 수 없었고, 결국에는 2:1 판정으로 패하고 말았다.

"수고했다. 신입생이 결승전까지 올라갔으면 엄청나게 잘한 거야. 더구나 상대 선수는 5년간이나 국가대표를 지낸 베테랑인데, 그 정도로 상대했으니 넌 충분히 대성할 것 같구나."

대학 감독은 시합을 마치고 링을 내려오는 브라보의 피 묻은 얼굴을 닦아 주며 격려했다.

"감사합니다. 그리고 죄송합니다……."

그러나 우승을 눈앞에서 놓친 브라보는 아쉬운 생각에 어두운 표정으로 병원으로 향했다.

준우승자까지는 국가대표 최종 선발전에 출전할 자격이 주어져서, 브라보는 태릉선수촌에 입촌하게 되었는데 거기서 반가운 얼굴을 만났다.

"이게 누구냐? 여기서 널 만나다니……."

같은 초등학교와 중학교에 다닌 한별이었다. 한국대학교로 진학한 한별이는 브라보보다 한 체급 아래에 출전해 우승하여 태릉선수촌에 입촌한 것이었다.

"오랜만이다. 우린 인연인가 봐."

더욱 멋있어진 한별이는 킥킥대며 웃었다.

"그러게……. 우린 이제 한배를 탔으니 최선을 다해 함께 아시안게임에 출전하자."

"그래야지. 그래서 금메달은 우리가 접수하는 거야!"

패기 있게 소리친 한별이는 웃음 담긴 눈으로 브라보를 바라보았다. 줄넘기도 못 하던 뚱뚱보 왕따, 그런 브라보가 변하기 시작하더니 중학교 때의 생활 복싱 대회에서는 자기까지 이기고 이제 더 당당한 모습으로 앞에 서 있다.

'사람이 저렇게 변할 수도 있을까?'

마치 어느 동화의 내용처럼 뚱뚱보 개구리가 마법이 풀려 사람의 모습으로 나타난 것 같아 신기해 보였다.

'참 대단한 친구야…….'

한별이는 브라보가 한없이 커지는 거인처럼 느껴졌다. 게을리 하면 브라보에게 뒤처질 수 있다는 생각이 들어 각오를 새롭게 했다.

태릉선수촌에서 2개월간의 훈련을 마친 브라보는 학교로 돌아왔다.

"좋아, 바로 그거야! 선수촌에서 훈련하더니 체력이 좋아지고 테크닉도 많이 좋아졌구나."

대학 감독은 연습하는 브라보의 몸놀림을 보고는 흡족해하며 칭찬을 아끼지 않았다.

"뭘요……. 시합을 해 봐야 알 수 있죠."

브라보는 샌드백 치던 손을 멈추고 쑥스러운 웃음을 흘렸다.

"아냐, 확실히 좋아졌어. 체력도 좋아지고 펀치도 빨라졌어."

"감사합니다."

"최종 선발전이 보름쯤 남았지?"

"13일 남았습니다."

"그래. 넌 틀림없이 해낼 거야."

"네. 최선을 다하겠습니다."

브라보는 다시 거칠게 샌드백을 두드리기 시작했다.

대장장이가 더욱 강한 쇠를 만들기 위해 망치로 두드리고, 또 두드리듯 혹독한 훈련으로 하루하루를 보내다 마침내 그날이 왔다.

"밥은 먹었니?"

검진과 계체량을 마치고 숙소에 앉아 있는 브라보에게 대학 감독이 다가왔다.

"네, 설렁탕으로 든든히 먹었습니다."

"각오는 돼 있겠지?"

"그럼요. 온몸을 던질 겁니다!"

"그래. 1시부터 선발전이 시작되니 30분 후에 경기장으로 이동하자."

"네."

경기 시작 10분 전, 선수 대기실에서 몸을 풀고 있는 브라보에게 대학 감독이 손짓을 했다.

브라보가 다가가자 대학 감독은 브라보의 어깨에 두 손을 얹고 눈을 감았다. 그러고는 마음속으로 기도를 했다.

"자, 올라가."

브라보는 결연한 표정으로 고개를 끄덕이고는 선수 대기실 문을 열었다.

링에 올라간 브라보는 1라운드 시작 종이 울리자마자 상대 선수를 거칠게 몰아붙였다. 그러나 상대 선수도 물러섬 없이 맞받아치니 치열한 접전이 벌어질 뿐이었다.

득도 실도 없이 1라운드를 마치자 대학 감독은 세밀하게 작전을 지시해 주었다. 시키는 대로 시합을 하니 2라운드는 우세하게 이끌어 나갔는데, 3라운드에는 상대 선수도 대처하는 작전 지시를 받았는지 생각대로 풀리지 않았다. 별수 없이 1라운드와 비슷하게 손해도 소득도 없이 치열하게 치고받으며 경기를 마칠 수밖에 없었다. 하지만 심판은 2라운드에 점수를 얻은 브라보의 손을 들어 주었다.

"고생했다! 이제 한 게임만 이기면 선발 확정이다!"

대학 감독은 링을 내려온 브라보의 어깨를 두드리며 목소리에 힘을 주었다.

"감사합니다. 감독님 덕분에 승리했습니다."

브라보는 곧 선수 대기실로 걸어갔지만, 대학 감독은 따라가지 못했다. 기자들이 가로막았기 때문이었다.

"감독님, 축하드립니다. 브라보 선수가 우승 후보였던 선수를 이겼는데요. 오늘 경기에 대해서 어떻게 생각하십니까? 그리고 내일 결승전 경기는 어떻게 예상하십니까?"

"출전은 시켰지만 아직 어린 선수라 걱정을 많이 했습니다. 근데 이겼으니 대견할 따름입니다. 내일도 우승할 거라고 믿습니다."

"브라보 선수가 몇 학년이지요?"

"이제 1학년입니다."

"그럼 브라보 선수가 만약 우승한다면 최연소 국가대표가 되겠군요."

대학 감독은 브라보가 내일 시합 계체량을 통과하기 위해 땀복을 입은 후에야 기자들에게서 겨우 빠져나와 선수대기실에 들어왔다.

다음 날, 아시안게임에 출전할 국가대표 복싱 선수를 확정 짓는 날이 왔다. 남자 10체급, 여자 3체급을 선발하는 결승전이어서 플래카드를 든 후보 선수의 가족과 친구들이 여기저기 눈에 띄었다.

경기가 시작되었다. 체급별 우승자가 정해질 때마다 해당 선수와 관계된 관중들의 환호성이 터졌다.

점점 뜨거워지는 경기장의 열기 속에 드디어 브라보가 링 위에 올라갔다.

"브라보! 브라보! 용인대 호프 브라보!"

기다렸다는 듯이 용인대학교 응원단들이 소리치며 플래카드를 흔들었다. 그에 맞서 상대 선수 응원단들도 질세라 소리치며 준비해 온 플래카드를 들었다.

그러나 링 위에 서 있는 두 선수는 상대 선수만 뚫어져라 노려볼 뿐이었다. 반드시 이겨야 할 저 선수, 그래야 국가대표가 되고 자신의 미래가 열릴 수 있다.

심판이 일러 주는 주의 사항이 끝나고 종이 울렸다. 상대에게 다가가는 두 선수, 곧 격렬하게 펀치가 오갔다.

"뒤로 빠져! 뒤로!"

"스트레이트 날려!"

"옆구리! 옆구리 비었어!"

"가드 올리고!"

양쪽 링 밑에서는 선수들의 감독과 코치가 목청껏 소리치며 세컨드 역을 했다.

생각할 틈도 없이 본능적으로만 움직이는 두 선수, 3분이라는 시간이 3년처럼 길게 느껴졌다. 그렇게 1라운드가 끝나고 다시 2라운드, 그리고 마지막 3라운드를 마치는 종소리가 울리자 조용했다. 그 넓은 경기장에 모인 사람 중 누구 하나 소리 내는 이가 없었다.

곧 쓰러질 듯이 지쳐 보이는 두 선수가 링 안에 덩그러니 서 있을 뿐이었다.

조금 후, 심판이 아래에서 올려주는 채점표를 받아 들었다. 그러고는 두 선수에게 다가오라고 손짓했다.

잠시 후, 심판이 브라보의 손을 쥐고 높게 쳐들었다! 브라보가 국가대표 선발전에서 우승한 것이다.

"와!"

갑자기 환호성이 터지고 여기저기서 사진기 플래시가 번쩍번쩍하였다.

링 가운데에는 브라보가 무릎을 꿇고 고개를 숙인 채 눈물을 흘리고 있었다. 기뻐서 링에 뛰어 올라온 대학 감독이 브라보를 일으켰다.

"녀석아, 오늘같이 기쁜 날 왜 울어?"

대학 감독은 브라보를 뒤에서 안고는 번쩍 들었다.

"와! 브라보! 브라보!"

용인대학교 응원단들이 힘껏 소리 지르고 발을 구르며 난리들이었다.

그러나 뒤쪽에 서 있는 한 관객만은 조용히 지켜보고만 있었다. 희미한 미소를 짓고 있는 그 관객의 눈에는 살짝 물기가 배어있었다. 바비였다.

홀이 꽤 넓은 음식점에 왔다. 음식점에는 식탁을 가운데로 몰아 놓고 30여 명쯤 되는 젊은이들이 둘러앉아 있었다.

그중에 두 사람만은 나이가 좀 들어 보였다. 용인대학교 감독과 코치였다. 감독은 차려진 음식을 먹느라 바쁜 젊은이들을 주목시키고는 말했다.

"오늘은 브라보가 아시안게임 국가대표로 선발된 날이다. 오늘의 브라보가 되기까지는 용인대학교 복싱부 여러분들이 함께 땀 흘려 운동하고 응원해 준 덕분이라 생각한다. 이제는 브라보가 국가대표를 넘어 아시안게임 금메달을 획득할 수 있도록 여러분들이 하나가 되어서 응원해 주길 바란다."

그러고는 가운데에 앉아있는 브라보를 바라보았다.

"브라보, 일어서서 인사말 하렴."

감독의 지시에 일어선 브라보가 고개 숙여 인사를 한 다음 조심스럽게 말을 꺼냈다.

"전 아직도 제가 국가대표 선발전에 우승했다는 사실이 실감나지 않습니다. 제가 그런 결과를 이룰 수 있었던 것은 절 지도해 주시고 이끌어 주신 감독님과 코치님 덕분입니다. 그리고 함께 땀 흘리며 위로가 되어 준 선배님들과 동료들 덕분이기도 합니다. 여러분들의 도움이 헛되지 않게 우리 용인대학교와 대한민국의 명예를 높이기 위해 최선을 다하겠습니다."

브라보는 어제 선발전 우승 축하 회식으로 늦게 잠들었지만, 오늘은 평소 때보다 더 일찍 일어났다. 오늘부터는 대한민국 국가대표 복싱 선수의 신분으로 살아야 하기 때문이었다. 그 신분으로 지금부터 할 일은 아시안게임에 출전하여 금메달을 따기 위해 있는 힘을 다해 훈련하는 것이다.

짐을 든 브라보가 태릉선수촌 복싱장에 들어서니 벌써 많은 사람이 와 있었다.

"어서 와. 브라보!"

한별이가 브라보를 보자 반기며 다가왔다.

한별이도 자기 체급에서 우승해 국가대표로 선발됐다. 브라보가 용인대학교에서 유일하게 국가대표가 되었듯이 한별이도 한국대학교에서 혼자만 국가대표가 되었다.

"일찍 왔네?"

"태릉선수촌은 우리 집에서 가깝잖아."

"그러니?"

브라보와 한별이가 이야기를 나누고 있자 50대 초반쯤 된 건장한 사람이 손뼉을 쳐 주의를 환기시켰다.

"자, 모이세요!"

국가대표 감독이었다.

"나는 여러분들을 이끌 선장 박봉수입니다. 여러분들은 이제부터 나와 함께 대한민국 국가대표란 배를 탄 것입니다. 이 배는 아시안게임으로 갈 것입니다."

5분여 동안 이어진 감독의 인사말이 끝나자 선수들은 곧바로 훈련에 들어갔다. 줄넘기 넘는 소리, 샌드백 두드리는 소리, 펀칭볼 치는 소리로 복싱장은 점점 뜨거워졌다.

그렇게 보름쯤이 지난 어느 날이었다.

"브라보, 뭐해? 왜 오른손은 안 써?"

브라보의 스파링을 지켜보던 감독이 못마땅한 듯 핀잔을 던졌다.

"감독님, 제 손이……."

브라보는 동작을 멈추고 울상으로 감독을 돌아보았다.

"손이 어때서?"

"머리에 손가락이 빗맞아서……."

"뭐? 내려와 봐!"

감독은 브라보가 링을 내려오자 즉시 글러브 끈을 풀었다.

"아…… 아!"

브라보는 글러브를 손에서 빼자 비명을 질렀다. 얼굴색이 하얗게 변한 감독은 급히 손에 감은 붕대를 풀었다. 엄지손가락이 벌겋게 부어 있었다.

"이 코치, 브라보 데리고 의무실에 가 봐. 빨리!"

얼마 후, 의무실에 다녀온 브라보와 코치는 시무룩해져 복싱장에 들어섰다.

"상태가 어때?"

감독이 코치에게 다가가며 물었다.

"그게…… 아무래도 오른손 엄지손가락이 부러진 것 같다고 하는데요. 빨리 병원에 가야 할 것 같습니다."

"뭐라고? 이거 큰일 났군!"

감독은 멍하니 서 있는 브라보의 왼손을 덥석 잡았다.

“이 코치, 나 브라보와 병원에 다녀올 테니 오늘 운동은 이 코치가 마무리해.”

“알았습니다.”

감독 손에 이끌려 선수촌의 병원으로 가는 브라보는 죄인이 된 것 같은 모습이었다.

“감독님, 아시안게임이 얼마나 남았죠?”

브라보를 진찰한 정형외과 의사는 찍은 X-Ray 사진을 보며 말했다.

“그건 왜 물으시죠? 뭐가 크게 잘못 되었나요?”

옆에서 지켜보던 감독이 불안한 목소리로 물었다.

“그게요……. 오른손 엄지손가락 뼈가 두 군데 부러졌네요. 당장 수술을 해야 하는데…… 손을 정상적으로 사용하려면 최소한 두 달의 재활 기간이 필요하거든요.”

“예? 그렇게 크게 다쳤나요? 하, 이런…… 다음 달에 유럽 지역에서 개최하는 대회에도 출전해야 하는데…….”

“아시안게임 말고도 대회가 또 있나요?”

“훈련 겸 참가하는 대회라 그리 중요하진 않아요. 이렇게 됐으니 그 대회는 포기해야죠. 선생님, 브라보는 우리 국가대표 선수들 중에서도 기대주입니다. 아시안게임은 넉 달 정도 남아서 재활 기간은 충분하니 수술 잘 부탁드립니다."

수술을 한 브라보는 일주일 만에 퇴원을 하고 복싱장으로 돌아왔다. 그러나 정상적인 훈련은 못 하고 줄넘기나 섀도복싱 같이 손에 충격이 가지 않는 운동만 할 뿐이었다. 무엇보다 아쉬운 건 전지훈련 겸 가는 유럽 시합에 참가하지 못한 일이었다.

그럭저럭 2달이 지나 수술한 손이 다 나아갈 즈음이 되자 유럽으로 전지훈련을 떠났던 선수들이 돌아왔다.

한별이도 건강한 모습으로 복싱장에 들어섰다.

"어이, 브라보! 혼자 잘 놀았어?"

"여! 반짝이! 유럽 애들 혼 좀 내주고 왔냐?"

'반짝이'란 브라보가 한별이를 부르는 애칭으로 한별이 이름에서 따와 지은 것이다. 그래서 가끔 한별이와 장난을 칠 때는 '한별이가 반짝반짝! 두별이도 반짝반짝!' 하고 놀렸다.

"혼내 주긴 했는데…… 심판들이 그쪽 사람들이라고 그쪽 선수 손을 들어 주더라."

"저런, 편파 판정 당했구나. 그러니까 그런 데 가선 무조건 KO 시켜야 한다니까."

브라보와 한별이가 농담을 주고받는데 감독이 다가왔다.

"브라보, 손은 어떠냐? 다 나은 것 같아?"

"예, 감독님. 이젠 샌드백을 쳐도 통증이 없어요."

"그래? 그럼 이제부터 본격적으로 훈련에 들어가자."

"알겠습니다."

브라보가 제대로 훈련을 시작한 지 일주일쯤 지난 어느 날이었다.

밖을 나갔다 온 감독이 코치들과 회의를 하고는 선수들을 집합시켰다.

"드디어 시합이 50일 앞으로 다가왔습니다!"

감독은 모여선 선수들을 둘러보며 입을 열었다.

"그동안 금메달 프로젝트를 위해 힘든 훈련을 소화해 낸 선수 여러분에게 감사할 따름입니다. 이번 아시안게임은 한국에서 하는 터라 지원자가 많아 국가대표 선발전이 치열했었습니다. 그 결과 확정된 남자 10명, 여자 3명의 국가대표 중 5명의 선수가 처음 태극마크를 단 뉴 페이스입니다. 실력으로 확정된 선수들이라 이의를 달 일은 아니지만 지도부가 보기에는 국제대회 경험이 없어서 걱정이 될 수밖에 없습니다. 그래서 태릉선수촌에서 복싱부를 위해서 특별 예산금을 지원해 주어 국제대회 경험이 부족한 5명의 선수는 10일 후 열리는 국제대회에 참가할 것입니다. 몸 관리 잘하고 예비 아시안게임이라는 것을 명심해 최선을 다하기 바랍니다. 이상!"

감독의 말이 끝나자 새로 국가대표가 된 뉴 페이스들이 기쁨을 감추지 못했다. 그중에 손 부상으로 지난번 유럽대회에 참가 못한 브라보는 입이 귀밑에 걸려 있었다.

눈앞에 목표가 생긴 선수들은 여느 때보다 더욱 열심히 훈련에 몰두했다. 브라보는 제일 일찍 나와 제일 늦게 가며 복싱장에서 살다시피 했다.

드디어 국제대회에 참가하기 위해 일본으로 떠나기 하루 전날 밤이 되었다.

"날씨가 꽤 선선해졌네."

"8월이잖아."

브라보와 한별이는 숙소 앞에 나와 바람을 쐬고 있다.

"손은 좀 어때?"

"괜찮아. 수술을 해서 그런지 오히려 더 단단해진 느낌이야."

브라보는 막 떠오르는 달을 바라보며 싱긋이 웃었다.

"네 체중은 어때? 중학교 때는 나와 같은 체급이었는데 내렸으니 체중 감량하기가 힘들겠다."

"어렵게 오늘 딱 맞췄어."

"다행이네. 아무튼 내일 시합에서 우리 꼭 금메달 따자."

"그래야지."

달은 조금 더 높이 떠올라 두 사람을 비추고 있다.

이튿날 아침, 짐 가방을 든 선수들이 주차장에 줄을 서 모여 있고 앞에는 감독이 서 있었다.

"그동안 힘든 훈련을 하느라 고생 많았습니다. 알다시피 이번 대회는 동양권 선수들이 참가하는 경기라 아시안게임 전초전이라 할 수 있습니다. 그런 만큼 최선을 다해 금메달을 모두 쓸어오길 바랍니다! 자신 있습니까?"

"네!"

감독의 물음에 선수들은 한목소리로 대답했다.

곧 코치 두 명의 인솔에 따라 승합차에 올라탄 선수들은 인천공항으로 향했다.

그러고는 3시간 후, 일본공항에 내린 선수들은 다시 승합차를 타고 도쿄 시내를 달렸다. 한문과 비슷한 일본 글자 간판을 단 건물들, 처음 온 일본이지만 브라보는 하나도 눈에 들어오지 않았다.

'외국 선수들은 어떤 스타일일까? 어떤 전술로 나가야 하지?'

몇 시간 후에 경기하게 될 상대 선수에 대한 생각만 하고 있기 때문이었다.

드디어 도착한 도쿄 스타디움, 스위치 하나로 지붕을 열고 닫을 수 있어 비가 오거나 눈이 오거나 상관없이 경기를 할 수 있다는 전천후 운동장이었다. 그 중앙에 설치된 사각의 링, 링 안에서 만난 두 선수가 치고받으며 싸우기 시작했다. 한 게임이 끝나면 다른 선수들이 올라가 싸우고 끝나면 또 다른 선수들이 올라가 싸우고…….

참가한 선수들의 국적은 북한, 중국, 태국, 대만, 필리핀, 카자흐스탄, 몽골 등 이었다. 그 선수들이 모두 자국의 명예를 위해 치열하게 싸웠다. 얼마 후에 자기 나라에서 아시안게임이 열릴 대한민국 선수들은 책임감이 더욱 커서 죽을 각오로 싸웠다. 그래서 얻은 결과는 금메달 1개, 은메달 1개, 동메달 2개였다.

"수고들 했어. 이 정도면 소기의 목적은 달성한 거야."

이 코치는 시상식을 마치고 대기실에서 짐을 챙기고 있는 선수들을 치하했다.

"특히 브라보는 아주 큰일 했다. 네 덕에 하나의 금메달을 건졌구나."

브라보의 어깨를 두드리는데, 대기실 문이 벌컥 열리며 김 코치가 들어왔다.

"브라보! 브라보 어디 있어?"

다급한 목소리에 모두의 눈길이 김 코치를 향했다.

"왜 그래? 무슨 일 있어?"

김 코치는 이 코치 옆에 있는 브라보를 보자 급히 다가갔다.

"브라보, 빨리 사복 벗고 유니폼 입어!"

"무슨 일인데 그래?"

다시 묻는 이 코치에게 김 코치는 떠들 듯이 말했다.

"브라보가 이번 대회의 MVP로 선정됐어! 방금 국제복싱협회 임원이 발표했어!"

"뭐라고? 이런 경사가!"

이 코치는 브라보가 챙겨 놓은 가방을 열어 마구 헤쳤다. 그렇게 태극마크가 붙은 운동복을 찾아 꺼내고는 멍하니 서 있는 브라보에게 서둘러 입혔다.

"아니 이 코치, 사복은 벗기고……."

"지금 그럴 시간이 어디 있나?"

입은 옷 위에 운동복을 껴 입힌 이 코치는 브라보의 손을 잡고 끌다시피 하며 대기실을 나가 시상대로 향했다.

선수촌에 돌아온 브라보는 다시 혹독한 훈련으로 몸을 단련하기 시작했다.

한참 동안 샌드백을 치다가 멈춘 브라보, 한 손으로 샌드백을 잡았다. 얼굴에는 비를 맞은 듯이 땀이 흘렀다.

어제 공항에 마중 나온 부모님 모습이 떠올랐다. 선수촌에 들어와 훈련하느라 넉 달 동안이나 못 본 부모님이었지만 선수촌 식구들과 어울리느라 이야기도 못 나누고 헤어진 것이 마음에 걸렸다.

'엄마가 해 주는 갈치조림 먹고 싶다…….'

팔을 크게 휘둘러 샌드백을 치고는 이어 격렬하게 두드리기 시작했다.

아시안게임이 한 달 후로 다가왔다. 그리고 20일, 10일…….

그리고 하루가 더 지난 아침, 감독이 선수들을 집합시켰다.

"코치님들과 선수 여러분! 그동안 고생 많았습니다. 내일은 아시안게임 경기장인 인천 선수촌에 입촌하는 날입니다. 따라서 이곳에서의 훈련은 오늘이 마지막입니다. 그동안 여러분들은 최선을 다했으니 모두 금메달을 딸 것으로 기대합니다. 마지막 훈련인 만큼 온 힘을 다해 훈련에 임하기를 바랍니다."

말을 마친 감독은 오른손을 치켜들며 소리쳤다.

"자, 제가 선창하면 따라 하십시오!"

"네!"

선수들이 대답하자 감독은 선창했다.

"미치면 이기고!"

"미치면 이기고!"

그 선창을 따라 크게 외치는 선수들이었다.

"지치면 진다!"

"지치면 진다!"

"다 같이 금메달을 삼창합니다!"

감독과 코치, 선수들이 손을 힘차게 뻗으며 목청껏 소리쳤다.

"금메달! 금메달! 금메달!"

이튿날, 주차장에 각 종목 선수들이 줄을 지어 모여 있었다. 복싱 선수들은 가운데쯤에 있고 앞줄에는 감독과 코치들이 서 있었다. 그리고 임시로 설치한 마이크 앞에 뚱뚱하고 머리가 벗겨진 사람이 서 있다. 선수촌장이었다.

"각 종목 지도자 여러분! 그동안 노고에 감사를 드립니다. 아시안게임이 우리나라에서 개최되는 만큼 심적 부담이 큰 것이 사실입니다. 하지만 지도자 여러분들과 선수들이 혼연일치가 되어 최선을 다해 주셨으니 좋은 성적을 거둘 것을 믿어 의심치 않습니다. 모두 최선을 다하시어 대한민국의 위상을 높입시다!

파이팅!"

선수촌장의 말이 끝나자 한쪽에 모여 있던 기자들이 흩어지며 선수들 틈으로 들어갔다.

브라보에게도 두 명의 기자가 다가왔다.

"브라보 선수시죠?"

"예? 예……."

느닷없이 들이댄 마이크에 브라보는 얼떨떨했다.

"도쿄 경기에서 우수한 성적을 거둬 복싱 종목에서는 강력한 금메달 후보이신데 이번에 열리는 아시안게임에서도 자신 있나요?"

"시합은 해 봐야 알겠지요. 어쨌든 최선을 다할 겁니다."

"그렇군요. 지금 컨디션은 어떤가요?"

"좋습니다. 오래전에 엄지손가락을 다치긴 했지만…… 다 나아서 지금은 괜찮습니다."

"다행이군요. 브라보 선수가 금메달을 딴다면 12년 만의 쾌거입니다. 온 국민이 응원하고 있으니 건투를 빕니다."

"감사합니다."

인터뷰를 끝낸 브라보는 곧 다른 선수들과 섞여 버스에 올라탔다.

인천 선수촌에 와서 정신없이 보내다 보니 어느덧 아시안게임이 내일로 다가왔다.

오늘은 계체량과 대진 추첨을 하는 날로, 계체량이 끝나고 대진 추첨을 기다리고 있었다.

얼마 후, 대진 추첨이 시작되었다.

대진 추첨을 보고 있는 감독의 얼굴이 조금씩 굳어지기 시작했다.

"생각보다 강한 선수랑 많이 만나네."

함께 대진 추첨을 보는 코치들을 돌아보며 물었다.

"선수들 컨디션은 어떤가?"

"모두 괜찮습니다."

"어느 때보다 강도 높은 훈련을 했고 국제대회 경험도 쌓았으니 잘할 겁니다."

김 코치와 이 코치가 대답했다.

감독은 팔짱을 끼고 한 손으로 코를 만지더니 선수들이 모여 있는 곳으로 갔다.

"내일 시합은 총 4명이 있다. 대진표를 보고 자기 시합 날짜에 맞춰서 컨디션 조절하길 바란다."

여느 때와는 다르게 근심이 묻어 있는 감독의 말이었다.

그런 감독의 마음을 눈치챈 듯 주장이 손을 번쩍 흔들며 소리쳤다.

"우리 모두 열심히 운동했으니까 최선을 다하여 링에서 미쳐보자!"

"네! 꼭 금메달을 따겠습니다!"

선수들의 우렁찬 대답에 감독은 흐뭇한 미소를 지었다.

"그래, 반드시 그렇게 하도록……."

멀리 바다가 보이는 인천 선수촌 숙소, 브라보와 한별이가 숙소 앞에 나와 거닐고 있었다.

"넌 대진이 어때?"

브라보가 흰빛을 뿌리고 있는 가로등을 보며 물었다.

"준결승까지는 괜찮은 것 같은데…… 그래도 한 게임 한 게임 최선을 다해야지. 너는?"

한별이의 질문에 브라보는 아무렇지도 않게 입을 열었다.

"난 지난번 일본대회 결승전에서 만났던 북한 선수와 첫 번째 게임이야. 다음은 세계 랭킹 2위……."

"어휴, 처음부터 빡빡하네?"

"어차피 부딪칠 강적들 컨디션 좋을 때 상대하는 게 나을 수도 있지 뭐."

"하긴……."

첫 번째 가로등을 지난 두 사람은 두 번째 가로등을 향해 걷고 있었다.

2014년 9월 19일.

각국의 선수들과 임원, 관중이 들어찬 인천 아시아드 주경기장은 점점 달아오르고 있었다. 드디어 제17회 아시안게임이 열린 것이다.

복싱 경기장에도 환호와 탄식 속에 몇 차례의 시합이 지나가고 8강전이 시작되었다.

수많은 사람이 복싱 경기를 응원하고 있는 가운데 마치 꽃이 피어 있는 듯이 관객석에 분홍빛 옷을 입은 여인이 눈에 띄었다. 바비였다. 바비의 손에는 '이한별 파이팅!'이라고 쓰인 플래카드가 들려 있었다. 하지만 바비는 한별이가 8강전에 오를 때까지 한 번도 플래카드를 들지 않았다. 브라보 때문이었다. 자기에게 사랑 고백까지 한 어릴 적 남자 친구가 보는 앞에서 한별이만 응원한다면 마음이 상해 시합에 지장이 생길까 봐 걱정이 됐던 것이다.

링에 오른 한별이는 그런 바비 쪽을 한 번 바라보고 상대 선수 앞에 섰다. 지난 일본대회에서 결승전에 만난 일본 선수였다. 일본대회에서 이 선수에게 져서 은메달에 머문 한별이는 이를 악물고 주먹을 뻗기 시작했다. 하지만 시합 분위기는 일본에서와 비슷하게 흘러갔다. 그렇게 판정까지 가고……. 여기가 일본 경기장인가? 착각이 들 정도로 일본에서와같이 심판에 의해 손이 올라가는 일본 선수의 모습이 보였다. 한별이는 시무룩한 표정으로 링에서 내려왔다.

그런 한별이의 모습을 관중석에서 지켜보던 바비는 자리에서 일어나 선수 대기실 쪽으로 갔다. 그러나 선수 대기실에 한별이는 없었다. 어느 틈에 옷을 갈아입고 밖으로 나간 것이다.

서둘러 밖으로 나간 바비의 눈에 길가에 서 있는 한별이가 보였다. 그 앞에 짧은 치마를 입은 젊은 여자가 서 있고, 옆에 여자가 타고 온 자동차로 보이는 노란 오픈카가 세워져 있었다. 바비가 무슨 일인가? 하고 몇 발자국 다가가는데, 한별이가 여자를 따라 자동차를 탔다. 그러고는 이내 부앙! 소리를 내며 자동차는 순식간에 멀어져 갔다.

다시 몇 차례 시합이 지나간 복싱 경기장, 밴텀급 준결승전이 진행되고 있었다. 브라보와 카자흐스탄 선수였다. 카자흐스탄 선수는 런던올림픽 은메달리스트였지만, 브라보는 조금의 물러섬도 없이 상대 선수를 계속 몰아붙였다. 그렇게 3라운드까지 몰아가다 끝나기 10초를 남기고 TKO 승을 거두며 결승전에 진출했다.

그러나 눈이 찢어지고 지난번 다친 엄지손가락 뼈에 금이 가는 부상을 당하고 말았다.

"브라보야…… 결승전을 치를 수 있겠니?"

브라보의 부상 상태를 살펴본 감독은 걱정스럽게 물었다.

"무슨 말씀이에요? 당연히 해야죠!"

브라보는 눈까지 부릅뜨며 버럭 소리를 질렀다.

"그래도 이런 손으로는……."

"감독님! 이기려면 미치라면서요? 전 미쳤습니다! 죽어도 링 위에서 죽을 겁니다!"

"그 녀석……."

슬픈 듯한 미소를 눈가로 흘린 감독은 가만히 브라보를 안아주었다.

이튿날이 됐다. 결승전이 열리는 날로 대한민국 복싱팀은 5명의 선수가 결승에 진출했다.

첫 시합에서는 복싱팀의 맏형이 세계 랭킹 1위를 압도적으로 물리치고 금메달을 대한민국에 안겼다. 아시안게임에서 12년 만에 딴 금메달이었다.

다음은 브라보의 시합이었다.

브라보는 아침까지 물리치료를 받았으나, 그 짧은 치료에 다친 손이 나을 리가 없었다. 더구나 하룻밤 지나니 붓기까지 해 공격을 제대로 할 수가 없었다.

"브라보, 많이 힘들어 보이는데…… 이제 그만 포기하는 게 어떨까?"

1회전 내내 밀리기만 한 브라보의 경기를 지켜본 감독은 넌지시 기권을 권했다.

"아니에요, 감독님. 이제 감을 잡았어요. 2회전부턴 잘할 거예요!"

감독은 브라보의 부상이 악화돼서 손을 못 쓰게 될까 봐 걱정되었지만, 브라보의 태도가 너무나 완고하였기에 말릴 수가 없었다.

"브라보! 브라보!"

그런 고충을 알 리 없는 관중들은 브라보의 이름을 목청껏 외치며 응원하고 있었다.

2회전이 시작되자 총알처럼 튀어 나간 브라보는 다짜고짜 펀치를 휘두르기 시작했다. 1회전 경기로 자신이 생긴 상대방 중국 선수는 여유 있게 2회전을 맞이했다가 느닷없는 브라보의 공격에 몇 대를 맞더니, 그 후부터는 계속 밀리고 있었다.

"와!"

관중들의 함성은 더욱 커졌다.

"와아!"

브라보는 팔에 강력한 모터라도 단 듯 쉬지 않고 펀치를 날렸다. 그렇게 2라운드가 끝나고, 곧이어 이어진 3라운드도 치열하게 진행되더니 어느덧 끝이 났다.

경기가 끝난 후, 두 선수의 손을 잡고 있던 심판이 한 선수의 손을 높이 치켜들었다. 브라보였다.

그제야 오른손의 통증이 몰려들었다. 마치 발로 밟는 듯이 욱신거렸다. 그래도 브라보는 웃고 있었다. 두 손을 쳐들고 하늘을 보며…….

조용한 음악이 흐르는 찻집, 구석 자리에 젊은 남녀가 앉아 있었다. 찻잔을 앞에 놓고 말이 없는 두 사람은 무거운 분위기에 잠겨 있었다.

"나 응원 온 거 몰랐어?"

한참 후, 여자가 먼저 입을 열었다. 바비이다.

"……."

남자는 찻잔만 내려다보고 있다. 한별이다.

"왜 대답이 없어?"

"알고 있었어."

한별이는 그제야 들릴 듯 말 듯 말을 꺼냈다.

"근데 여자를 따라가?"

"그건……."

"어디 변명해 봐."

"그게……."

한별이는 어눌하게 말을 이어 갔다.

8강전에서 일본 선수에게 진 한별이는 풀이 죽어 선수 대기실로 들어갔었다.

의자에 털썩 주저앉아 한숨을 내쉬는데, 곧 대기실 문이 열리며 한 여자가 들어왔다. 빨간색의 짧은 치마를 입은 젊은 여자였다.

"안녕하세요."

여자는 한별이에게 다가오며 상냥하게 인사말을 건넸다.

"누구신지……?"

한별이가 의아해하며 묻자 여자는 활짝 웃었다.

"나 모르겠어요? 태릉선수촌에서 노란 오픈카를 탄……."

"아! 그때 그…… 그런데 여긴 어쩐 일로?"

한별이는 그제야 생각나는 일이 있어 미소가 피어났다.

"오늘 시합에 져 기분이 그럴 텐데 나하고 드라이브해요."

"예? 아직 경기가 안 끝나 나갈 수가……."

"이제 한별 씨 시합은 없잖아요. 내가 나중에 복싱 감독님한테 말할 테니 나가요. 나 감독님 잘 알거든요."

"어떻게……?"

"우리 아빠가 태릉선수촌 촌장님이세요. 복싱 감독님뿐 아니라 다른 종목 감독님들도 알죠."

"아, 그래서 태릉선수촌 공원에……."

말없이 한별이의 이야기를 듣고 난 바비의 얼굴에 근심이 스며들었다. 초등학교 때부터 좋아했던 사람, 사실 한별이를 좋아했던 것은 여자로 분장해도 어울릴 만큼 잘생겼기 때문이었다. 그러나 생각해 보니 이 잘생긴 남자를 다른 여자들이라고 몰라볼 리가 없었다. 이제 그 경쟁자가 나타난 것이었다. 더구나 태릉 선수촌장의 딸이라니……. 국가대표라 거의 태릉선수촌에서 지내야 하는 한별이. 불길한 느낌이 먹구름처럼 가슴을 덮어 왔다.

“미안해……. 사실 난 금메달을 따면 제일 먼저 너의 목에 걸어 주고 싶었어. 그런데 8강전에서 탈락하니 널 보기가 민망하고 화도 나고…… 그런데 그때 그 여자가…….”

“…….”

한별이의 기어들어 가는 진심 어린 사과에도 바비는 고개를 숙인 채 말이 없었다.

“다음부터는 그런 일 없을 거야.”

“알았어.”

짧게 한마디 한 바비는 발딱 일어서 계산대 쪽으로 갔다.

“내가 계산할게!”

한별이도 얼른 일어나서 따라갔다.

브라보는 인천 아시안게임이 끝나자 많은 사람에게 관심을 받고 있었다. 여학생들은 팬클럽까지 만들어 선물과 편지를 끊임없이 보내올 정도였다. 방송국에서까지 교섭이 와서 TV 프로그램에 출연해 얼굴도 널리 알려졌다.

그러나 그런 것들은 브라보의 마음을 기쁘게 하지 못했다. 브라보를 기쁘게 할 사람은 바비 뿐이었다. 그런데 전에는 일주일에 한 번은 문자를 주던 바비가 아시안게임에서 금메달을 따고부터는 그마저도 끊어버린 것이었다. 아무리 문자를 보내도 답이 없었다.

바비는 엄마와 백화점 옷 매장을 둘러보고 있었다.

"맘에 드는 코트가 없어?"

어느 매장을 가도 시큰둥한 딸을 물끄러미 바라보던 엄마가 물었다.

"좀 그래."

"그러니?"

엄마는 다시 딸을 물끄러미 보다 말을 이었다.

"그럼 우리 위층에 가서 음료수나 마실까?"

"그래요."

곧 에스컬레이터를 올라탄 바비와 엄마는 맨 위층에 있는 제과점에 가서 앉았다. 엄마는 음료수 잔을 앞에 놓고서도 여전히 어두운 딸의 표정을 살피다 물었다.

"너 요새 고민 있니?"

"고민은 무슨……."

"근데 왜 밝지 못해?"

"내가 뭘 어쨌다고 그래?"

"아냐, 무슨 일이 있어. 남자 때문에 그러니?"

"엄마는 무슨……."

바비는 엄마를 가볍게 흘기고는 다른 곳을 봤다.

"얘가…… 넌 엄마도 여자라는 걸 잊었니? 한별이 때문에 그래? 그러고 보니 걔 요새 우리 집에 통 안 오네? 싸웠니?"

"싸우기는……. 한별이 바빠서 우리 집에 올 시간 없어. 국가대표잖아."

그때 바비 휴대전화에서 찌링, 하고 문자 알림 소리가 났다. 바비는 휴대전화를 열어 확인하고는 바로 닫았다.

"누구한테 온 문잔데 무시하니?"

"있어. 엄마도 아는 사람이야."

"나도 알아? 누군데?"

"있잖아. 나 유치원 다닐 때부터 따라다니던 뚱땡이."

"설마 그……."

"맞아. 브라보."

"어머 어머! 걔가 아직도 너하고 연락하고 지내?"

"……."

바비는 대답 대신 음료수 잔을 들었다.

"걔 요새 유명해졌더라? 며칠 전에는 TV에도 나왔는데 말을 재미있게 잘하던데? 시원하게 생긴 것이 어릴 때 모습은 어디에도 없고…… 근데 답을 왜 안 해 주니?"

"……."

바비는 음료수 잔에 꽂힌 빨대만 빨고 있었다.

"오호라…… 알겠다. 이제 보니 한별이 땜에 걔를 멀리하고 있구나."

엄마는 딸의 마음을 읽기라도 하는 듯 얼굴을 찬찬히 살피고는 말을 이었다.

"여자는 자기만 좋아하는 남자와 살아야 행복한 거야. 내가 너라면 브라보를 택하겠다. 걘 금메달을 땄으니 연금도 나올 거고, 유망주고 나이가 어리니 올림픽에도 나갈 테고……."

"……."

"그리고 남자는 너무 잘생기면 관리하기 힘들어. 남자는 여자가 붙으면 마다하지 못하거든. 한별이가 그렇잖아……."

이 말에는 바비의 눈빛이 흔들렸다. 어떤 기억이 떠올랐던 것이다. 자기도 모르게 한숨을 내뱉은 바비는 휴대전화를 꺼내 문자 창을 열었다.

바비야, 내가 뭘 잘못했니?
왜 요샌 통 답장을 안 해?

브라보에게 온 문자였다.

# 용인대학교

## 개교

용인대학교는 1953년 6월 15일 서울시 중구 소공동 111번지에 대한유도학교로 문을 열게 되었으며, 현재는 경기도 용인시 처인구 용인대학로 134에 자리 잡고 있다.

## 교육 이념

**道義相磨 欲而爲人(도의상마 욕이위인)**

도의를 갈고닦아 사회에 이바지할 수 있는 인간이 되자.

## 교육 목적

몸과 마음을 갈고닦아 참된 도리를 세우고 자아를 실현하여 인류 공영에 이바지할 인재를 양성한다.

## 교육목표

- 국제사회의 발전과 인류 평화에 이바지할 인재 양성
- 지성과 지혜를 겸비한 합리적이고 진취적인 대학인 양성
- 전통문화의 보존과 계승으로 미래지향적인 인재 양성
- 민족 상무 정신의 전승으로 사회정의 실현에 이바지할 지도자 양성

## 용인대학교 복싱부

### 창단

1978년 3월

### 주요 성적

- 올림픽과 아시안게임, 각종 국제 대회에서 우승 및 입상
- 한국대학복싱협회장배 전국대학복싱대회 5연패
- 국내 전국복싱대회 다수 종합우승

용인대학교 복싱부는 1978년 창단 이래 국내 · 외 각종 대회에서 최고의 실력으로 인정받고 있으며, 수많은 국가대표를 배출하였다. 특히 1992년 이승배 선수가 바르셀로나올림픽에서 동메달을 획득했으며, 1996년 애틀랜타올림픽에서도 은메달을 획득했다. 그뿐만 아니라 2012년 런던올림픽에서 한순철 선수가 은메달을 획득하여 용인대학교의 위상을 높였다.

그리고 1994년 히로시마아시안게임에서 이승배 선수가 금메달을 획득하였으며, 4년 후 1998년 방콕아시안게임에서 은메달을 획득하였다. 또한 한순철 선수는 2006년 도하아시안게임에서 은메달을 획득하였으며, 2010 광저우아시안게

임에서 동메달을 획득하였다. 최근에는 함상명 선수가 2014년 인천아시안게임에서 12년 만에 한국 복싱 선수단에게 금메달을 선사하였으며, 박진아 선수는 우리나라 여자 선수 최초로 은메달을 획득하였다.

특히 함상명 선수는 2014 인천아시안게임에서 금메달 획득 이후 국제복싱협회에서 야심 차게 추진 중인 APB(Aiba Pro Boxing)리그에 진출하여 현재 3연승을 달리고 있다.

## 2015
## AIBA(국제복싱협회) AOB(AIBA OPEN BOXING) 경기 규칙

### 체급

- 남자 엘리트 & 유스는 아래 10체급으로 분류

  46kg~49kg, -52kg, -56kg, -60kg, -64kg, -69kg, -75kg, -81kg, -91kg, +91kg.

- 여자 엘리트 & 유스는 아래 10체급으로 분류

  45kg~48kg, -51kg, -54kg, -57kg, -60kg, -64kg, -69kg, -75kg, -81kg, +81kg

- 올림픽(아시아)경기 대회는 여자 선수들의 경우 아래에 명시된 3개의 체급만을 허용

  48kg~51kg, 57kg~60kg, 69kg~75kg

- 주니어(남녀 동일)는 아래와 같이 13체급으로 분류

  44kg~46kg, -48kg, -50kg, -52kg, -54kg, -57kg, -60kg, -63kg, -66kg, -70kg, -75kg, -80kg, +80kg

### 스코어링 시스템

한 경기에는 레퍼리(주심) 1명과 저지(부심) 5명이 경기를 진행한다.

라운드가 종료될 때마다, 15초 이내에 스코어링 패드를 눌

러야 한다. 즉, 라운드의 승자에게는 10점을 주고, 패자에게는 어느 정도로 패배했는지를 판단하여 9점에서 6점 사이의 점수를 준다. 그리고 라운드마다 아래의 기준에 따라 승자를 결정해야 한다.

• 기준

저지는 다음의 기준에 따라 스코어링 시스템을 사용하고, 두 복서를 독립적으로 평가하여 채점한다.

*유효면에 적중한 가격 횟수

*얼마나 경기를 지배했는지(기술 및 전술적 우위)

*얼마나 적극적으로 경기를 했는지

*기술과 전술의 우월성

*룰 위반

• 점수

*10 vs 9 – 치열한 라운드

*10 vs 8 – 승자가 다소 우세할 때

*10 vs 7 – 완전한 우세

*10 vs 6 – 시합이 불가능할 정도로 일방적일 때

### 판정의 유형

• 판정승 : Win on Points, WP

경기가 끝난 후, 저지가 채점한 총점으로 승자를 결정하며 승자

는 만장일치 혹은 엇갈린 판정에 의해 결정된다.

• TKO : Win by Technical Knockout

복서가 자발적으로 기권하거나, 코치가 링 안으로 타월을 던지거나, 레퍼리가 카운트를 하고 있지 않을 때 코치가 에이프런 위로 올라올 경우, 상대방은 TKO 승으로 경기의 승자가 된다.

• TKO-I : Win by Technical Knockout Injury

레퍼리의 판단에, 복서가 정확한 펀치를 맞고 부상을 당해 경기를 계속할 수 없다면, 경기는 중단되고 상대방은 TKO-I 승으로 경기의 승자가 된다.

• 실격 : Win by Disqualification, DSQ

복서가 파울 혹은 다른 이유로 실격을 당하면, 상대방은 실격 판정에 의해 경기의 승자가 된다.

• KO : Win by Knockout

* 복서가 다운을 당하고 "텐(10)"까지 카운트를 할 동안 경기를 재개하지 못하면, 상대방은 KO 승으로 경기의 승자가 된다.
* "텐(10)"까지 카운트를 하기 전에 응급 상황이 발생하여 레퍼리가 링 사이드 의사를 링 안으로 소환했다면, 상대방은 KO 승으로 경기의 승자가 된다.
* 더블 KO가 발생한 경우, 양 복서는 모두 DKO 판정으로 패배한다.

- WO : Win by Walkover
  - * 복서가 용품을 모두 착용하고 링 안에서 경기 준비를 마쳤음에도 불구하고, 방송이 나간 후 벨이 울리고 최대 1분의 시간이 지나도 상대 복서가 나타나지 않으면, 레퍼리는 링 위에 대기 중인 복서를 WO 판정에 의해 승자로 선언한다.
  - * 복서가 의료 검진 혹은 AOB 당일 계체량에 실패하는 경우 상대방이 워크 오버로 인한 승자로 기록된다.
- NC : No Contest(노 콘테스트)

  복서 또는 레퍼리가 통제할 수 없는 링의 붕괴, 조명 공급 중지, 천재지변 등 예상치 못한 상황이 발생하면, 레퍼리는 경기를 중단시킨다. 이런 상황이 1라운드가 종료되기 전에 발생하면, 경기는 중단되고 노 콘테스트(NC) 판정이 내려진다.

## 파울의 종류

- 벨트라인 아래를 가격하는 행위, 잡기, 발 걸기, 발이나 무릎으로 미는 행위
- 머리, 어깨, 팔뚝, 팔꿈치로 가격하는 행위, 상대방의 목을 조르는 행위, 상대방의 얼굴을 팔이나 팔꿈치로 누르는 행위, 로프 밖으로 상대방의 머리를 미는 행위
- 오픈 글러브, 글러브 안쪽, 손목, 손바닥으로 상대방을 가격하는 행위

- 넘어진 상대의 등을 가격하는 행위, 특히 상대의 머리나 목 뒤를 가격하는 행위, 신장 부위를 가격하는 행위
- 몸을 회전시켜 가격하는 행위
- 로프를 잡고 공격을 가하는 행위, 로프를 부정하게 사용하는 행위
- 기대거나, 레슬링을 하거나, 부둥켜안고 던지는 행위
- 넘어져 있거나, 일어서고 있는 상대를 공격하는 행위
- 잡고 때리는 행위, 끌어당기면서 때리는 행위
- 상대방의 팔이나 머리를 잡거나 붙드는 행위, 상대방의 팔 아래로 팔을 집어넣는 행위
- 상대방의 벨트라인 아래로 숙이는 행위
- 두 팔을 들어 올려 수동적으로 방어만 하는 행위, 고의적으로 넘어지는 행위, 달리는 행위, 상대방의 공격을 피하기 위해 등을 돌리는 행위
- 말하는 행위
- 브레이크를 명령했을 때 뒤로 물러나지 않는 행위
- 레퍼리가 브레이크를 명령한 직후, 뒤로 물러나기 전에 상대를 가격하려고 시도하는 행위
- 계속해서 레퍼리에게 대들거나 공격적인 태도를 보이는 행위
- 정확한 가격을 당하지 않았음에도 불구하고 고의적으로

마우스피스를 뱉는 행위

- 정확한 가격을 당한 후에 복서가 마우스피스를 떨어뜨리고, 이런 상황이 세 번 발생했을 경우
- 상대방의 시야를 가리기 위해 손을 쭉 뻗고 있는 행위
- 상대방을 깨무는 행위
- 거짓 행동, 가장하는 행위

**로우 블로우(상대의 낭심을 공격하는 행위)**

- 로우 블로우 후에, 가격을 당한 복서가 불평을 하지 않고, 로우 블로우가 강하지 않았지만 고의적이었다면, 레퍼리는 경기를 중단하지 않은 채 파울을 지적해야 한다.
- 로우 블로우 후에, 가격을 당한 복서가 통증을 호소하면, 레퍼리에게는 두 가지 선택 사항이 있다.
  * 로우 블로우가 고의적이고 강하다면, 가격한 복서를 즉시 실격시킨다.
  * 에이트(8) 카운트를 시작한다.
- 에이트(8) 카운트 후에, 레퍼리에게는 두 가지 선택 사항이 있다.
  * 복서가 경기를 계속할 수 있는 경우 : 레퍼리가 필요하다고 생각하면, 가격한 복서에게 경고를 주고 경기를 재개한다.
  * 복서가 경기를 계속할 수 없는 경우 : 레퍼리는 가격당한 선

수에게 최대 90초의 회복할 시간을 준다.

- 위에서 언급한 시간이 흐른 후에, 레퍼리는 두 가지 선택 사항이 있다.
  * 복서가 경기를 계속할 수 있는 경우 : 레퍼리는 가격한 복서에게 경고를 주고 경기를 재개한다.
  * 복서가 경기를 계속할 수 없는 경우 : TKO 판정으로 상대방을 승자로 선언한다.

### 주의, 경고, 실격

- 레퍼리의 지시를 따르지 않거나, 복싱 규정에 반하는 행동을 하거나, 비신사적인 태도로 경기를 하거나, 파울을 범하는 복서에게는 레퍼리의 판단에 따라 주의나 경고를 주거나 실격시킨다. 복서에게 경고를 주려면, 레퍼리는 "STOP"을 외치고 행동으로 위반 행위를 보여 주어야 한다. 래프리는 슈퍼바이저와 저지가 알 수 있도록 해당 복서를 지목해야 한다.
- 복서가 레퍼리로부터 경고를 받으면, 슈퍼바이저는 스코어링 시스템에 경고를 기록한다. 경기를 관장하는 모든 저지들의 점수에서 해당 복서의 총점을 1점 차감한다. 복서가 한 경기에서 세 번 경고를 받으면 자동으로 실격당한다.
- 선수가 상대방의 헤드 버팅이나 규정에 어긋나는 펀치로

인해 부상을 입거나 상처가 나서 링 사이드 의료진의 권고에 따라 심판이 경기를 중단시켰을 경우 레퍼리는 반드시 반칙을 범한 선수를 실격시켜야 한다.

- 선수가 상대방의 헤드 버팅을 당하거나 규정에 어긋나는 펀치를 맞았더라도 부상 혹은 상처가 없을 경우 심판은 반칙을 범한 선수에게 경고(warning)를 주어야 하며 1점이 감점된다.
- 레퍼리는 본인이 보지 못한 상황에서 파울이 발생하였다고 생각할 경우, 저지들에게 자문을 구할 수 있다.
- 경기가 끝난 후 심판이 판단하기에 경기력에 영향을 미칠 수 있는 이물질이 복서의 붕대에서 발견되었을 경우 즉시 실격 처리되어야 한다.
- 슈퍼바이저는 이 경우 규정을 위반한 세컨드에게 주의를 주거나 추방하거나 실격시킬 권리가 있다.

### 레퍼리(Referee)

- 레퍼리의 임무
  * 경기 중 양 복서를 보호하고, 양 복서의 건강을 최우선적으로 살핀다.
  * 모든 룰과 페어플레이가 제대로 지켜지는지 감시한다.
  * 모든 단계에서 경기의 통제력을 유지한다.

* 약한 복서가 불필요하게 가격당하는 것을 방지한다.

* 다음 네 개의 명령어를 사용한다.

▶ 복서들에게 경기를 중단하라고 명령할 때 "스톱"

▶ 복서들에게 경기를 재개하라고 명령할 때 "박스"

▶ 복서들에게 떨어지라고 명령할 때 "브레이크"

▶ 계시원과 공 관리자에게 시간을 멈추라고 명령할 때 "타임"

* 복서의 규정 위반에 대해 알릴 때는 적절한 신호, 구두 명령, 몸동작을 이용해 설명한다.

* 스톱과 브레이크를 명령할 때 혹은 양 복서를 갈라놓을 때, 레페리는 손으로 복서를 건드릴 수 있다.

* 레페리는 판정이 발표될 때까지 복서의 손을 들어 올림으로써 승자를 지목해서는 안 된다.

* 레페리가 그 어떤 이유에 의해서라도 복서를 실격시키거나 경기를 중단했을 때, 레페리는 먼저 슈퍼바이저에게 판정 및 경기를 중단시킨 이유에 대해 알려야 한다.

* 레페리는 복서의 부상에 관해 링 사이드 의사와 상의할 수 있다.

• 레퍼리의 책임

* 경기가 너무 일방적이라고 생각되면 언제라도 경기를 중단해야 한다.

* 복서가 경기를 계속할 수 없을 정도의 부상을 입었다고 판단

되면 언제라도 경기를 중단해야 한다.

* 복서가 소극적이고 적극적이지 않다고 판단되면 언제라도 경기를 중단해야 한다. 이 경우에, 레퍼리는 한 복서 혹은 양 복서 모두를 실격시킬 수 있다.

* 복서가 파울을 범하거나, 페어플레이를 하지 않거나, 룰을 따르게 하기 위해서, 레퍼리는 해당 복서에게 주의 또는 경고를 주어야 한다.

* 복서가 레퍼리의 지시에 따르지 않거나, 계속해서 레퍼리에게 공격적인 태도를 보일 경우에는 해당 복서를 실격시켜야 한다.

* 이전에 경고를 받았거나 받지 않았거나, 심각한 파울을 범한 복서를 실격시켜야 한다.

* 이 규정들이 적용되지 않는 상황이 발생했을 경우에는, 경기에 적용 가능하고 관련이 있는 선에서, 이 규정들을 재량껏 해석하여 결정을 내리고 조치를 취해야 한다.

* 복서를 확인할 권한

  ▶ 일단 복서가 링 안으로 들어서면, 복서가 제대로 용품을 착용했는지 확인해야 한다.

  ▶ 복서는 대회 규정에 명시된 복장 외에 다른 용품을 착용해서는 안 된다.

▶ 경기 중 복서의 글러브에 문제가 생겼을 경우, 레퍼리는 문제

가 해결될 때까지 경기를 중단시켜야 한다.

▶ 레퍼리는 복서의 붕대를 확인해야 한다.

▶ 경기를 시작하기 전, 레퍼리는 저지들과 링 사이드 의사가 제자리에 있는지 확인해야 한다.

▶ 레퍼리는 슈퍼바이저의 승인을 얻은 후에 경기를 시작해야 한다.

• 저지(Judges)

* 모든 AIBA 대회에서, 다섯 명의 저지가 라운드마다 판정을 하지만, 컴퓨터에서 랜덤으로 선택된 세 명의 저지 점수만으로 경기를 판정한다.

* 대회 규정에 명시된 대로, 다섯 명의 저지는 링의 3면에 앉아야 한다.

* 저지는 경기 전과 경기 중 그리고 경기 후에도 복서, 다른 저지, 다른 사람과 말해선 안 되고, 신호를 보내서도 안 된다.

* 저지는 경기 결과가 발표될 때까지 자리를 떠나면 안 된다.

## 계시원과 공 관리자

• 계시원과 공 관리자의 주요 임무는 라운드의 숫자와 시간 그리고 라운드 사이 휴식 시간을 규제하는 것이다. 라운드 사이 휴식시간은 1분이어야 한다.

• 계시원과 공 관리자는 공을 울림으로써 라운드를 시작하

고 끝낸다.

- 각 라운드가 끝나기 10초 전에, 계시원과 공 관리자는 라운드가 곧 끝날 것이라는 신호를 보내야 한다.
- 계시원과 공 관리자는 손목시계 혹은 시계를 이용하여 시간과 카운트를 규제해야 한다. 그러나 레퍼리가 "타임"을 명령했을 때만 시간을 멈춰야 하고, 레퍼리가 "박스"를 명령했을 때는 다시 시간을 잰다.
- 녹다운이 발생하면, 레퍼리가 카운트를 하는 동안, 계시원과 공 관리자는 레퍼리에게 시간(초)이 흘러가고 있다는 것을 나타내는 음향 신호를 보내야 한다.
- 라운드가 끝날 때 복서가 녹다운되어 레퍼리가 카운트를 하고 있다면, 라운드의 끝을 알리는 공을 울려선 안 된다. 레퍼리가 경기 재개를 나타내는 "박스" 명령을 내렸을 때에만 공을 울려야 한다.
- 로우 블로우 혹은 의식 상실이 발생했을 때 그리고 복서가 링 밖으로 떨어졌을 때, 계시원과 공 관리자는 시간을 재야 한다.

## 링

• 공인 라벨

모든 AIBA 대회에서, 국가 협회와 BMA는 AIBA 공식 복싱 용품 라이선스를 취득한 회사가 제작한 링을 반드시 사용해야 한다.

• 링과 캔버스의 크기

* 모든 AIBA 대회에서, 링은 로프의 라인 안쪽이 6.10 제곱미터여야 한다.
* 에이프런의 크기는 로프의 라인 모든 면의 바깥쪽으로 85cm 확장되어야 한다. 캔버스를 추가적으로 팽팽하게 당겨 고정하는 길이를 포함한다.

• 링은 〈그림〉에  표기된 크기여야 한다.

• 링의 높이

* 링의 높이는 지면으로부터 100cm여야 한다.

• 플랫폼과 코너 패드

* 플랫폼은 안전하고, 평평하고, 돌출된 방해물이 없어야 한다. 복서의 부상을 방지하기 위해 4개의 코너 포스트에는 4개의 코너 패드를 부착해야 한다. 코너 패드는 슈퍼바이저의 위치를 기준으로 다음과 같이 배열되어야 한다.

▶ 가까운 왼쪽 코너 : 홍

▶ 먼 왼쪽 코너 : 백

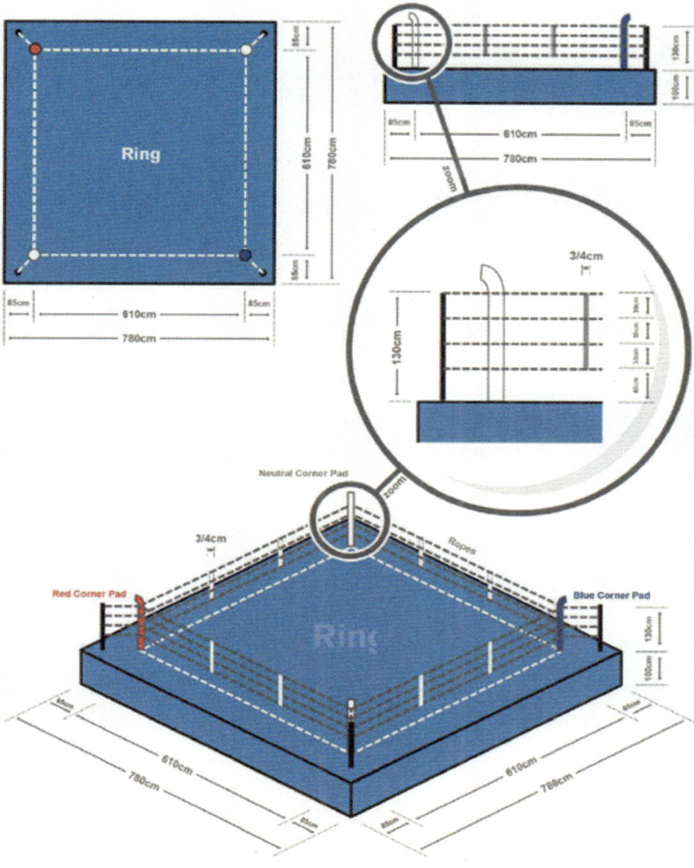


▲ 〈그림〉 표준화된 링 사이즈

▶ 먼 오른쪽 코너 : 청

▶ 가까운 오른쪽 코너 : 백

• 플랫폼은 7.80 제곱미터여야 한다.

• 링 바닥의 표면

* 바닥은 펠트, 고무, 부드럽고 탄력 있는 적합한 승인을 거친 천으로 덮어야 한다. 1.5~2.0cm의 두께여야 한다.

* 캔버스는 플랫폼 전체를 덮어야 하고, 미끄럽지 않은 천으로 만들어야 한다.

* 캔버스의 색은 블루, 팬톤 컬러 299여야 한다.

• 로프

* 로프는 두꺼운 패딩으로 덮여 있어야 한다.

* 링에는 코너 포스트 각 면에 네 개의 분리된 로프들이 설치되어 있어야 한다. 커버에 상관없이 두께는 4cm여야 한다.

* 각 로프의 높이는 캔버스로부터 각각 40cm, 70cm, 100cm, 130cm여야 한다.

* 네 개의 로프는 같은 간격으로 3~4cm 너비의 2개의 천 조각(캔버스의 감촉에 가까운)을 통해 링의 각 면에서 합쳐진다. 2개의 천 조각은 로프를 따라 미끄러지지 않아야 한다.

* 위쪽 두 줄의 로프는 충분히 팽팽해야 한다. 아래쪽 두 줄의 로프는 너무 팽팽해서는 안 된다. 레퍼리 또는 슈퍼바이저는 필요시 로프의 팽팽한 정도를 조절할 수 있는 권한을 가지고 있다.

• 계단

* 링은 3세트의 계단을 갖추고 있어야 한다. 2세트의 계단은

서로 맞은편에서 복서와 세컨드가 사용하도록 하고, 1세트의 계단은 중립 코너에서 레퍼리와 링 사이드 의사가 사용하도록 한다.

## 링 액세서리

모든 경기에 다음의 액세서리가 필요하고, 주최자는 대회 시작 2시간 전까지 다음의 액세서리를 갖춰 놓아야 한다.

- 공
- 2개의 침받이용 플라스틱 양동이
- 스코어링 시스템에 필요한 한 개의 전자식 스톱워치, 예비용 수동 스톱워치
- 스코어링 시스템 1세트
- 확성기에 연결된 마이크 1세트
- 의료 규정에 필요한 응급 상자
- 링의 중립 코너 바깥쪽에 설치할 작은 반투명 비닐봉지
- 각 코너에 3개의 의자
- 들것 1개
- 탁구공 1세트, R&J 추첨을 위한 1개의 투명한 그릇과 1개의 반투명 그릇
- 마우스피스

  * 경기 중 복서는 의무적으로 마우스피스를 착용해야 한다.

* 붉은색 혹은 부분적으로 붉은색인 마우스피스를 착용해선 안 된다.

• 컵 프로텍터

모든 남성 대회에서, 복서는 경기 중 컵 프로텍터를 착용해야 한다. 추가적으로 국부 보호대를 착용할 수 있다. 컵 프로텍터는 유효면을 가려선 안 된다.

• 글러브

AOB 엘리트 남자 대회 라이트플라이급(49kg)부터 라이트웰터급(64kg) 경기에서는 10온스(oz) 글러브가 사용된다. 그리고 웰터급(69kg)부터 슈퍼헤비급(+91kg) 경기에서는 12온스(oz) 글러브가 사용된다.

# 참고 사이트 및 참고 문헌

## 참고 사이트

국제복싱협회, http://www.aiba.org/

한국권투위원회, http://www.koreaboxingcommission.org/

대한복싱협회, http://boxing.sports.or.kr/

## 참고 문헌


김진표 외, 『무도시리즈 복싱』, 홍경출판사, 2000.

백성수 외, 『체육지도사 훈련지도서 복싱』, 상명대학교 체육학부, 2011.

이행배·우윤정, 『한국복싱 100년』, 대한복싱협회, 2014.


*이미지 출처 – Getty images Bank / 멀티비츠